シリーズ「遺跡を学ぶ」113

縄文のタイムカプセル
鳥浜貝塚

田中祐二

新泉社

縄文のタイムカプセル
―鳥浜貝塚―

田中祐二

【目次】

編集委員
勅使河原彰（代表）
小野　昭
石川日出志
小野　正敏
佐々木憲一
小澤　毅

装　幀　新谷雅宣
本文図版　松澤利絵

第1章　湖畔の縄文遺跡

1　母なる海と湖

若狭湾

日本地図で本州日本海側の海岸線を追っていくと、中央付近にまるで陸地をかじりとったような地形が目にとまる。若狭湾《わかさ》である（**図1**）。福井県北部西端の越前《えちぜん》岬から京都府北端の経《きょう》ケ《が》岬にかけての若狭湾は、日本海側ではめずらしい大規模なリアス海岸で知られ、その変化に富んだ美しい景観から、沿岸部一帯は国定公園に指定されている。

若狭湾に面する福井県西南部（嶺南《れいなん》地域という）は、北陸地方では緯度がもっとも低く、日本海に流入する対馬暖流の影響もあって気候は温暖で、暖地性常緑広葉樹を主とした豊かな自然植生が広く分布している。また、山地が海岸際にせまっていて平地は乏しいものの、大小の半島や岬にはさまれた入り江が波の穏やかな天然の良港となり、古来、豊富な魚介類の水揚げ

図１ • 若狭湾と三方五湖
三方五湖は断層の活動によって陥没した地形に滞水して形成された。潟湖の久々子湖を除きもとは淡水であったが、近世に水路が開削されたことで若狭湾と接続し、三方湖以外は汽水もしくは塩水となっている（白い破線でかこんだ場所が鳥浜貝塚の位置）。

地であった。古代の若狭国は、志摩・伊勢や淡路と同じく朝廷に天皇の食料（御贄《みにえ》）を納める「御食国《みけつくに》」であったといわれ、奈良の藤原京跡や平城京跡から出土した木簡には、若狭各地から運ばれた魚介類の名をみることができる。

三方五湖

若狭湾の中央付近に細長く突き出た常神《つねかみ》半島のつけ根に三方五湖《みかたごこ》がある。若狭湾国定公園の重要な構成要素である三方五湖は、その名のとおり、三方湖、水月湖《すいげつこ》、菅湖《すがこ》、久々子湖《くぐしこ》、日向湖《ひるがこ》という五つの湖からなる。水質や水深がそれぞれ異なり、水の色がちがってみえることから「五色の湖」とも称され、四季折々に美しさをみせる。

万葉集には三方五湖を詠んだ「若狭なる三方の海の浜清みい往き還らひ見れど飽かぬかも」（作者不詳、万葉集巻七）という歌もみえるように、古代より広く知られた景勝地で、戦前の一九三七年には国の名勝に指定された。また、コイ科のハスやナガブナなど希少な魚類の生息地としても重要性が認められ、二〇〇五年にはラムサール条約（「特に水鳥の生息地として国際的に重要な湿地に関する条約」）の登録湿地にもなっている。

この三方五湖の最奥にあたるのが三方湖である。周囲約九・六キロ、面積約三・五平方キロの淡水湖で、平均水深は約一・三メートルと三方五湖のなかでもっとも浅い。これはほかの湖とちがい河川が流入していることから、土砂の堆積が進んでいるためである。中央付近でのボーリング調査では、現在の湖底面に連続して粘土層が八メートルほども堆積している。

三方湖に流入する河川のなかでもっとも長く、土砂を堆積する力が大きいのが鰣《はす》川である。滋賀県境の三十三間《さんじゅうさんげん》山に端を発した鰣川は、いくつかの小河川を集めながら約一〇キロ北流して三方湖の南側に注いでおり、その中〜下流域には南北に細長い沖積平野を形成している。この鰣川の河口より約一キロ南方、高《たか》瀬《せ》川と合流する付近一帯に広がる遺跡が鳥浜《とりはま》貝塚である（**図2**）。福井県三方郡三方町大字鳥浜（現在は上中《かみなか》町と合併して三方上中《みかたかみなか》郡若狭町鳥浜）に所在することから鳥浜貝塚と名づけられた。

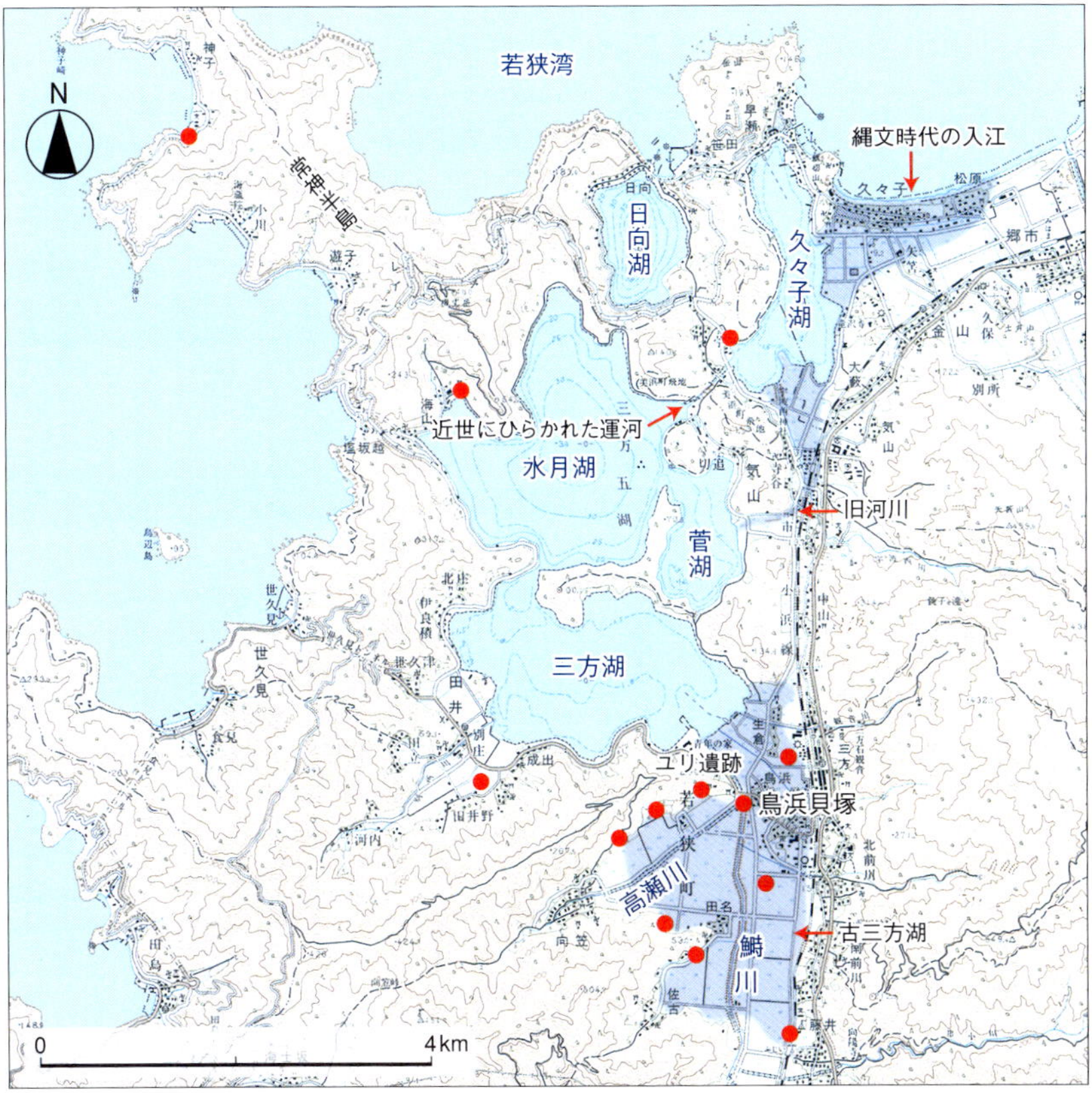

図2 • 鳥浜貝塚の位置と周辺のおもな縄文遺跡
青色の網掛けの範囲が縄文前期ごろの推定水域。鰣川沿いに古三方湖が広がる。鳥浜貝塚の西に隣接するユリ遺跡では縄文時代後〜晩期の丸木舟が9艘も出土している。

2　古三方湖と遺跡群

鳥浜貝塚ができたのは縄文時代。三方五湖一帯は自然の営為と人の手によって姿を変えてきたが、なかでも鳥浜貝塚の立地を考えるうえで注目しなくてはならないのは、かつて三方湖がより南方へ深く入り込んで、「古三方湖（鳥浜湖）」と称される湖があったことである。

三方五湖の周辺では、海岸部や現在の湖沿岸でも遺跡がみつかっているが、鳥浜貝塚をはじめとする縄文遺跡の多くは、想定されている古三方湖の周囲に集中して分布している（図2参照）。各遺跡の帰属時期をあわせると、断続的ながら縄文時代のほぼ全期間にわたっており、そこが三方五湖一帯における人間活動の主要な舞台であったことがわかる。

鳥浜貝塚をはじめ、古三方湖周辺の低地でみつかる遺跡は沖積平野など低い土地の湿地に形成された遺跡で、「低湿地遺跡」とよばれる。

低湿地遺跡は、考古学では非常に注目される遺跡である。というのも通常、動物や植物といった有機質の遺物は乾燥や微生物などの影響によって分解が進み、炭化したものを除けば台地など高台の遺跡でみつかることはほとんどない。しかし、鳥浜貝塚のような一定の条件の整った低湿地では湿潤・冷温に保たれ、微生物の活動に必要な酸素が遮断されるので、有機質の遺物が残りやすいからである。「天然の冷蔵庫」とよばれるゆえんである。

さらに、鳥浜貝塚を特徴づけているのがまさに「貝塚」という点である。日本の国土は火山灰土壌が多いため酸性が強く、丈夫な骨でさえも長い年月のうちに消失してしまう。しかし、貝塚では、大量の貝殻によって土壌が中和し、獣骨のみならず小さな魚骨までもが長期間保存されることになる。また、貝塚では、貝が堆積物として累積していることで、層ごとの重なり（層序という）がとらえやすいことから、土器型式の編年の設定にも大きな役割をはたしてきた。だからこそ、貝塚は「考古学研究の宝庫」といわれている。

「天然の冷蔵庫」といわれる低湿地遺跡、「考古学研究の宝庫」といわれる貝塚遺跡が一体となった遺跡は、長い間発見されなかった。鳥浜貝塚こそは、その待望の遺跡であり、発掘調査によってそれまでの縄文時代の遺跡では出土することのなかった重要な遺物がぞくぞくとみつかったことから、「縄文のタイムカプセル」とよばれるようになるのである。

図3 ● 鳥浜貝塚の貝層断面
鳥浜貝塚で出土するのはおもに淡水・汽水産の貝。複数種の貝殻からなる人為貝層とヌマガイの貝殻のみからなる自然貝層に識別される。

第2章　鳥浜貝塚を掘る

1　鳥浜貝塚の発見

河床から貝殻や土器片が多量に出土

鳥浜貝塚の発見は大正末・昭和初期にさかのぼる。もともと鰣川は現在の流路より東側、鳥浜集落のなかを流れて三方湖に注いでいた。川幅が狭く、ひとたび増水すれば堤防が決壊し、人家や田畑に大きな被害をもたらした。

そのため一九二五年（大正一四）～二九年（昭和四）に、現在の位置に流路を新設し、高瀬川と合流させる大改修工事が実施された。この工事で合流点付近の河床を掘り下げた際、地下四、五メートルの地層から広範囲にわたって貝殻や土器片が多量に出土したのである。当時、掘りだされて付近一帯に盛り上げられた土は、貝殻で一面に真っ白だったと伝えられている。ただ、この時点では遺跡という認識が広がることはなかったようだ。

それから三〇年あまりが経過した一九六一年の夏、若狭地方における原始・古代史の研究にとり組んでいた同志社大学の大学院生（当時）の石部《いしべ》正志《まさし》氏は、地元の郷土史家である今井長太郎氏らの協力をえて、鰣川と高瀬川の合流点付近の川底から多数の土器片や自然遺物を採集した。これが名実ともに鳥浜貝塚の「発見」といえる。石部氏は、著名な古墳時代研究者として知られるが、少年期は千葉県市川市に住んでいて、貝塚研究の第一人者であった酒詰仲男《さかづめなかお》氏の薫陶を受けていただけに、鳥浜貝塚の重要性がすぐにわかった。石部氏は翌年、「福井県鳥浜貝塚（予報）」と題する小論を『先史学研究』第四号に発表し、鳥浜貝塚の名がはじめて世に知られることになった。

低湿地性貝塚とわかる

鳥浜貝塚が「発見」された一九六一年は、六月から七月に中部や北陸など各地で豪雨、九月には第二室戸台風が襲い、鰣川と高瀬川でも洪水が発生し、大きな被害を受けていた。この復旧工事が同年の冬から翌年春にかけて実施され、高瀬川の改修工事では、掘り出された植物質遺物を含むおびただしい量の遺物があたりに散乱し、当時としてはほとんど例のない低湿地性貝塚であることはすでに明らかだったようだ（**図４**）。

この場面に偶然遭遇したのが、のちに鳥浜貝塚の発掘調査をリードすることとなる森川昌和《まさかず》氏である。このとき森川氏は立教大学の三年生で、春休みを利用して卒業論文の執筆にむけて地元若狭の古墳の分布調査をおこなっていた。

森川氏は現地の状況を同大学で講師をつとめていた考古学者の岡本勇《いさむ》氏に伝え、採集した遺物を郵便小包で送った。縄文時代研究の第一線で活躍していた岡本氏はすぐさまその重要性を察知した。「遺跡の立地も興味深いと思います。地形や貝塚の状態や自然遺物などあらゆる点を観察記録する必要があります」と、森川氏が著作で紹介している岡本氏の返信ハガキからは、立地の特殊性や自然遺物の状態に注視する氏の様子をうかがうことができる。

こうして鳥浜貝塚の存在は研究者の間で着実に認知されつつあった。ところが、河川改修工事が終了して一息つく暇もなく、今度は近傍において揚水ポンプ場の建設計画が明らかとなった。建設工事が実施されれば、確認されたばかりの遺跡がさらに破壊されることはまちがいない。状況を危惧した森川氏と石部氏の尽力により、立教大学と同志社大学の合同による発掘調査が実現した。これが記念すべき鳥浜貝塚の第一次調査である。

図4●1962年の高瀬川改修当時の状況
上流側から鰣川との合流点付近を望む。洪水で河岸が大きくえぐられている。川底から上げられた土砂には、縄文土器とともに貝殻や動物の骨、木片、木の実が大量にみられたという。

遺跡の範囲と発掘調査区

ここで鳥浜貝塚の範囲と発掘調査がおこなわれた地点を前もってみておこう。一九七三年におこなわれたボーリングによる範囲確認調査とその後の知見から、遺跡全体の範囲は南北約六〇メートル、東西半径約一〇〇メートルの広がりをもち、鮒川両岸にわたっていることが明らかとなっている（図5）。

発掘調査は一九六二年から八五年にかけて断続的に一〇次にわたって、河川改修工事などの事前調査として、図5にみるように実施された。著名な遺跡としては案外狭いと思われるかもしれない。しかし、この範囲から縄文時代前期の竪穴住居三基と貯蔵穴五基などの遺構とともに、草創期から前期の貴重な遺物が多量に出土したのである。また調査箇所が河岸や河底であることにも注意しよう。

2　こじ開けられたタイムカプセル

大学主体ではじまった調査（第一・二次調査）

さて、立教大学と同志社大学による第一次調査は、ポンプ場建設の事前調査として一九六二年七月二四日～三〇日におこなわれた。参加者は同志社大学から酒詰仲男氏、石部正志氏、白石太一郎氏、および考古学研究室の学生、そして立教大学から中川成夫《しげお》氏、岡本勇氏、加藤晋《しん》平《ぺい》氏、および森川昌和氏を含む考古学ゼミナールの学生、総勢二五名。その顔ぶれは当時ばかりか、その後の日本考古学の研究を牽引するそうそうたるメンバーである。団長は貝塚研究の第一人者で、同志社大学教授の酒詰仲男氏がつとめた。

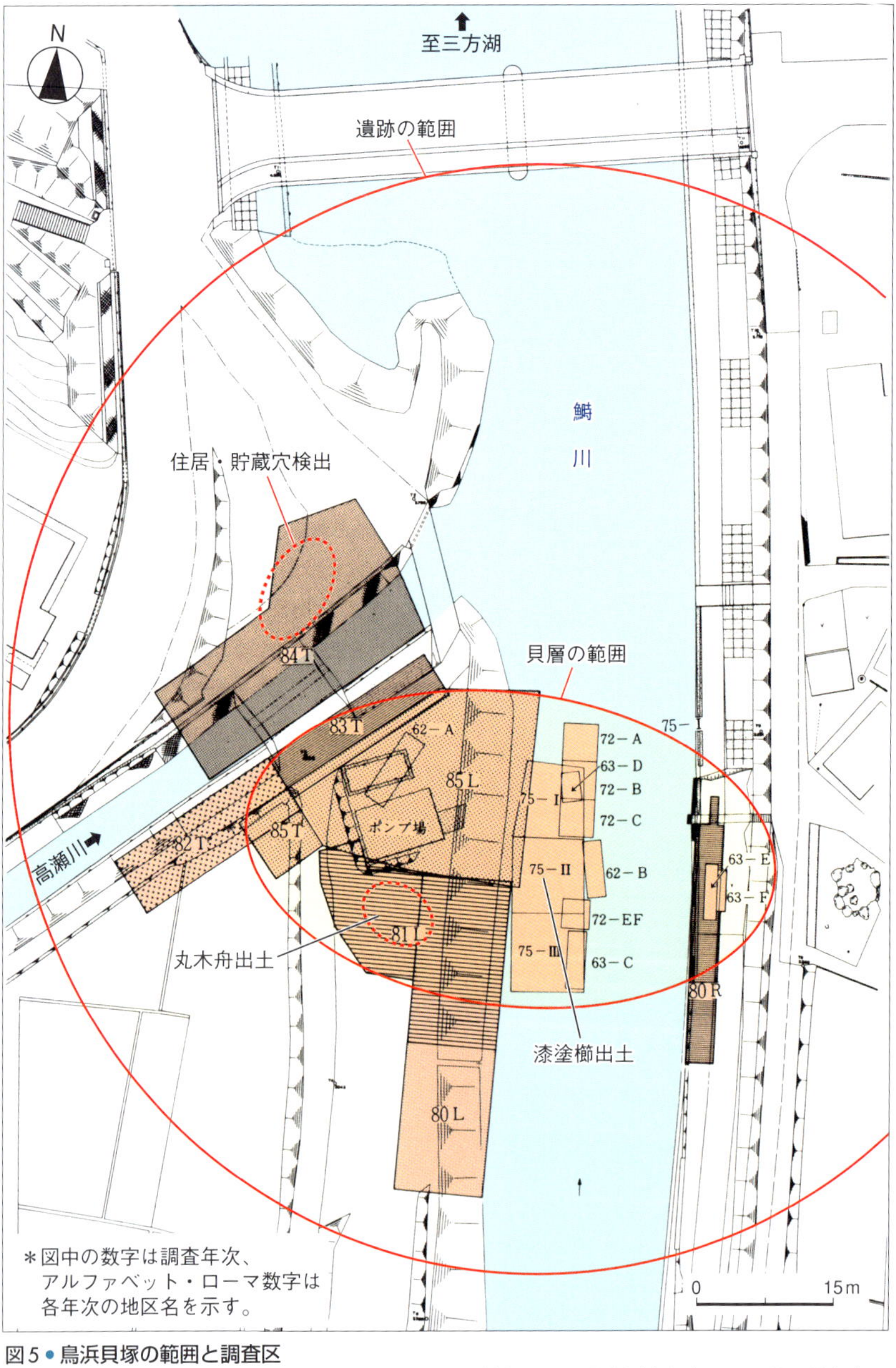

＊図中の数字は調査年次、
アルファベット・ローマ数字は
各年次の地区名を示す。

図5 ● 鳥浜貝塚の範囲と調査区

1975年までの調査区の多くは、調査後の河川拡幅により現在川底となっている。図左上にみえる丘陵はかつて鰣川右岸までのびており、鳥浜貝塚はその南側のふもとにつくられた。

高瀬川右岸のポンプ場予定地に設定したAトレンチを立教大学班、鰣川左岸に設定したBトレンチを同志社大学班が担当し、連携しながら層位的な掘り下げをおこなった（図6）。

この調査で、海抜〇メートル以下に縄文時代の遺物包含層が厚さ二メートル以上も堆積していることが確認され、特異な立地の遺跡であることが明白となった。掘り下げた深さは、地表から五・五メートルに達したという。素掘りの調査というから、数メートルの土の壁がそそり立つなかでの作業である。掘った壁面が崩れてしまう恐れのあるかなり危険をともなうものであっただろう。

出土遺物は、漆塗土器を含む多量の縄文土器のほか、石鏃《せきぞく》・石錘《せきすい》・石皿《いしざら》・磨製石斧《ませいせきふ》などの石器、骨針・ヤス・ヘラ状の骨角器やベンケイガイ製の貝輪、櫂《かい》の未成品・小型弓・杭などの木製品や編物である。第一次調査からすでに豊富な内容であったことがわかる。また、動物の骨や植物の種子、自然木なども採取され、当時の自然環境の解明に貢献したことも見逃せない。

このように大きな成果をえた第一次調査ではあったが、翌年春からポンプ場の工事が進み、工事現場には遺物が散乱するようになった。そこで、翌六三年八月一日〜七日、第二次

図6 ● 第1次発掘調査の様子
写真は立教大学が担当したAトレンチ。右が高瀬川。トレンチの周囲は掘りあげた土砂でさらに高くなっている。

調査を立教大学が主体となって実施した。中川成夫氏が団長をつとめ、岡本勇氏、加藤晋平氏、森川昌和氏ら総勢二〇名が参加した。

鰣川左岸の洲に設定したC・Dトレンチでは素掘りで三メートルも掘り下げ、湧き水にてこずりながらも前期初頭の良好な包含層を確認した。

さらに、貝塚は、淡水産の貝殻層、魚骨を主体とする魚類の層、クルミ・クリ・ドングリなどを主体とする木の実の層とはっきり分かれることが観察できた。岡本勇氏はこれを食料採集の季節的変遷を物語る証拠だと指摘し、以後の鳥浜貝塚調査の方向性を示したといえよう。

一方、土器に関しても、第一次調査で縄文時代前期の北白川《きたしらかわ》下層《かそう》Ⅰ式と同Ⅱ式がはじめて層位的に区分された。第二次調査では、その北白川下層Ⅰ式土器の包含層の下から羽島《はしま》下層《かそう》Ⅱ式土器の包含層が検出され、後に述べるように、西日本の縄文時代前期の土器編年を確立するという、貝塚遺跡ならではの貴重な成果をあげている（図14参照）。

調査は地元の手に（第三次調査）

一九七二年には、三月一八日～四月九日に、鰣川左岸の洲を削って拡幅する小規模河川改修工事の事前調査として第三次調査が実施された。このときはじめて福井県教育委員会が調査主体となったが、当時の県教委は単独で発掘調査をおこなえる体制になかったため、地元の若狭考古学研究会が実質的に調査を担当することとなった。一九六八年に設立された若狭考古学研究会は、埋蔵文化財行政の黎明期にあった当時の若狭地方における考古学をリードしており、地元で教職に就いた森川昌和氏もメンバーに名を連ねていた。

さて、第三次調査も第一・二次調査と同様、川の洲の部分を素掘りで掘り下げるというもので、深さは地表から二・五メートルにおよんだ。調査の結果、桜の皮を巻いた弓や石斧の柄、木製の容器など一〇〇点を超える木製品類が出土したことが注目される（図7）。

また、縄文時代早期の土器である押型文《おしがたもん》土器を含む層をはっきりと確認し、さらにその下層から縄文時代草創期の土器である多縄文《たじょうもん》土器を含む層を発見した（図14参照）。これにより鳥浜貝塚は日本でも最古級の低湿地遺跡であることが判明したのである。

鳥浜貝塚が「縄文（人）のタイムカプセル」とよばれていることは先に述べた。各種の遺物が当時の色や質感そのままに出土する低湿地遺跡の様子をタイムカプセルになぞらえたもので、言い得て妙だ。同様のキャッチコピーで紹介される縄文遺跡はいくつかあるが、もともと鳥浜貝塚の調査を通じて広まったといっても過言ではない。そのきっかけになるのかどうかは定かでないが、この第三次調査の速報には、つぎの一文がある。

図7 ● 木製品の出土状況
写真は第9次調査時（1984年）。木の幹と枝を利用した石斧柄の特徴的な形が多くみえる。

「事前調査」という免罪符をふりかざし、縄文人の残したタイムカプセルを無理やりこじ開けてしまう罪の深さを強く感じる。

色鮮やかに顔を出す遺物への感動、それが空気に触れて瞬く間に変色していくことへの喪失感、そして調査後は工事でなくなってしまうという罪悪感……。押し寄せる開発工事によって遺跡の破壊が憂慮されるなかで、「タイムカプセル」の語には、そのようなやるせない思いが込められていたのかもしれない。

開発と保護のはざまで

実際、遺跡の破壊につながる工事計画は進んでいった。一九七四年には、鰣川下流で延長一六四七メートルにわたる小規模河川改修工事が施工されることとなり、鳥浜貝塚付近も両岸の拡幅と護岸工事の対象となった。

すでに、埋蔵文化財包蔵地に登録され、周知の遺跡となった鳥浜貝塚のとり扱いについては、事前の協議で、発掘調査を実施した後に工事に着手することで合意していた。ところが同年一〇月、思いがけない事態が起こる。未調査であるにもかかわらず、工事業者の重機が川の洲に入り、遺物包含層の一部を削ってしまったのである。不幸中の幸い、地元からの通報によって工事は一日で中断され、被害は最小限に食い止められた。

文化財保護の立場からすれば、このアクシデントは当時の県土木行政における文化財保護への意識の低さが招いた事態である。しかし、はたからみれば、同じ県の組織内で意思疎通を欠いた結果といわれても仕方がない。また地元では、洪水から人命を守るための工事への要望が強く、遺跡の保護は二の次だったようだ。

この遺跡破壊にいちはやく気づき、鳥浜貝塚の保護を熱心に訴えたのが、若狭考古学研究会会長であった上野晃氏である。上野氏は地元鳥浜区の住民であったことから、難しい立場にあり、実際に数々の非難や圧力を受けたという。そのような状況のなかで遺跡の保護を訴えつづけた上野氏の行動は地元のマスコミにとり上げられ、遺跡の重要性は地元住民の間でも徐々に理解がえられるようになった。ともあれ、この後は発掘調査を優先するという本来の軌道に戻すことで決着し、以後の調査は進められていったのである。

3　自然科学研究者の参加

学際的調査の端緒（第四次調査）

こうして紆余曲折を経た後、第四次調査が一九七五年七月二〇日〜一〇月二〇日の三カ月間実施された。この調査から名実ともに県教育委員会が調査主体となり、教員から文化財保護行政の道へ転じた森川昌和氏が調査主任をつとめることになった。

調査地区は鰣川左岸の洲の部分で、これまでの調査にくらべて調査面積が広く、当然調査期間も長い。そうなると川が増水した場合の影響が大きく、調査に支障をきたすことになる。そのため調査区をかこうように長さ六・五メートルの鋼矢板《こうやいた》を打ちこんで水を締め切り、湧き水は水中ポンプを二四時間稼働させて排水した（図8）。こうして通常の地上の遺跡と同じ発掘調査をおこなうことができるようになり、鳥浜貝塚の象徴ともなった赤漆塗りの櫛（図36参照）を含む木製品や縄（図9）や編物、骨角器といった多種多様な有機質の道具類をとり上げることができた。

また、この調査で特記すべきは、動物骨や植物種子、花粉分析などを専門とする自然科学研究者が現地調査に直接参加したことである。これにより、各々の研究目的に応じた各種の試料採取を厳密におこなうことが可能となった。土を目の細かいフルイにかけて水洗して微細な遺物も回収し、当時の環境や食生活を具体的に物語る動植物遺存体を大量に採取した。ヒョウタンやマメ類の存在が明らかとなり（図21参照）、縄文時代の栽培の可能性が示された。

一九七九年二月には、発掘調査報告書の刊行を目前に「鳥浜貝塚の意味するもの」と題するシンポジウムが開催され、調査や分析に関わったあらゆる分野の研究者が一堂に会して意見交換をおこなっている。考古学分野と自然科学分野の間で交わされた議論では、土器に付着した炭化物の分析の可能性など、今日的なテーマもみられ、今なお刺激的であるばかりか、学際的調査をめざした鳥浜貝塚の特徴をよく示すものとなった。

図8 ● 第4次発掘調査の様子
鋼矢板がそびえるなかでの作業。この時は横梁がないため比較的開放的だが、掘り下げが進めば土圧で矢板が倒れる危険性もあった。

生業を中心とする生活の復原（第五次調査）

第四次調査から五年後の一九八〇年七月一一日〜一二月二七日には、第五次調査が実施された。第四次調査の後、いったん中断された河川改修工事の再開にともなう事前調査で、以後、第一〇次調査まで毎年実施されることになる。

今回の調査区は鰣川左岸と右岸の二カ所で、調査区を鋼矢板でかこみ、さらに横梁と支柱で補強した。また、これまで悩まされつづけてきた湧き水は、つねに適切な深さの排水溝を設けることで排水でき、水面下にあっても半乾状態で作業を進めることが可能となった。こうした調査環境の向上によって綿密に層位を区分して遺物をとり上げることが可能となり、その資料的価値を高める結果を生むことになった。

ところで、鳥浜貝塚の調査研究において、自然科学的な分析が必要不可欠であることや、実際に分析を担当する自然科学研究者が発掘に直接参加することで、その役割を存分に発揮できることは、これまでの調査で明らかとなっていた。しかし、発掘調査の進展にともなって、多様な分野の研究をいかに組織化し、遺跡の解明につなげることができるかが課題であった。そこで、第五次調査以降は、鳥浜貝塚における

図9 ● 縄の出土状況（第10次調査時、1985年）
まるで現代のもののように生々しい。そのため初期の発掘時には表土からまぎれ込んだのではないかと疑われたという。

学際的研究の統一テーマとして、「生業を中心とする生活の復原」を設定し、各研究者がその成果をもちよることにしたのである。

丸木舟の発見（第六次調査）

毎年実施されることになった調査の二年目の第六次調査は、一九八一年六月一八日〜一一月三〇日に、鰣川左岸の第五次調査区の北に接する場所で実施された。

この調査の最大の成果は、なんといってもほぼ完全なかたちで出土した丸木舟だろう。きっかけは七月二一日、鋼矢板に沿って排水と土層観察を兼ねたトレンチを掘削していたときのこと。調査区の西側を画す鋼矢板に切断された状態で、長さ一メートルほどの船尾部分がみつかったのである。

出土状況から、船体の大部分は鋼矢板を越えて北西の方向の調査区外へのびていることが予想された。それまでにも櫂が多く出土していたことなどから、丸木舟の発見も期待されていたが、まさにそれが現実のものとなったのである。鋼矢板がもう少し内側に打ち込まれていたな

図10 ● 丸木舟の発掘
調査区を拡張しての発掘の様子。長く低湿地に埋まっていた木製品などの植物質遺物は水分を多く含み、乾燥すると収縮して変形し破損につながるため、たいへん気を使う作業である。

ら、丸木舟は発見されず、今も土の下に眠っていたかもしれない。

問題は、調査区外にのびる残りの部分をどうするかである。出土層位から時期は縄文時代前期にまちがいなく、状況からみて日本で最古の完全なかたちの丸木舟となる可能性が高い。関係機関で話し合いがもたれた結果、調査区を拡張して全体を発掘することが決定した。

上部に堆積した土層も調査しながら慎重に掘り下げ、丸木舟の全容がようやく明らかとなったのは九月六日のことである（**図10**）。九月一三日におこなわれた一般公開には一〇〇〇人あまりの人がつめかけたというから、その話題性の大きさがうかがい知れる。

このように丸木舟の発見にわいた第六次調査であったが、ほかにも重要な発見があった。前期の遺物包含層では、丸木舟のほかにも多くの木製品が出土し、なかでも高台付きの皿や筒形三足器など多様な形態の容器類がみられた（**図35参照**）。漆塗製品も多い。草創期・早期にあたる層では、栽培植物として、ウリ科の種子やゴボウなどの存在が明らかとなった。またヒョウタンは、早期初頭と想定される包含層から出土し（**図21参照**）、約一万年前にさかのぼる事例として話題になった。

貝塚は東から西へ（第七次調査）

第七次調査は一九八二年七月一日～一一月三〇日に実施された。調査区は高瀬川右岸であり、ボーリング調査で把握されている遺跡の西縁にあたる。

この調査では、縄文時代前期末（北白川下層Ⅲ式土器）の包含層がはじめて明確になった

（図16参照）。これまでの調査で想定されていた遺跡の中心が東から西へ移動したことを裏づける結果であった。また昨年の調査につづいて丸木舟が出土した。縄文時代前期の層の上に堆積した粘土層から出土したもので、のちに放射性炭素年代測定により縄文時代後期のものと判明した。前期の遺物では、木製の柄が一部遺存した骨製のヤス状刺突具（図42参照）や多くの漆器の出土などが目を引く。

4 念願の住居跡発見と貝塚の成り立ち

遺跡のはじまりは？（第八次調査）

第八次調査は一九八三年七月一日〜一一月三〇日に実施された。調査区は高瀬川右岸で、第七次調査区の北東に接続する場所である。この調査では、これまで最下層と考えられていた草創期の土器である多縄文土器の層の下層から、多縄文土器よりも古いとされている爪形《つめがた》文《もん》・押圧文《おうあつもん》土器が出土し（図15参照）、遺跡の形成年代はさらにさかのぼることになった。

また、第八次調査では、これまでの調査区のなかで集落があると想定していた丘陵裾にもっとも近いことから、遺構の検出が主要課題となった。これまでにみつかっている遺構は、性格

図11 ● 杭群の出土状況
白くみえるのは貝層。鳥浜貝塚でみつかった縄文時代前期の杭群はこのように貝層の広がりと重なる場合が多い。

の明らかでない杭群のみであり、多量の遺物が出土しているのにもかかわらず、住居跡など明確な居住施設はみつかっていなかったのである。しかし、今回もみつかった遺構は杭群だけだった。それでも杭の密度が高く、調査区東側の地形的に高い範囲で集中的に出土したことから、集落の延長として当時の汀線《ていせん》付近に設けられた施設と考えられた（図11）。

念願の住居跡と鳥浜最古の土器の発見（第九次調査）

第九次調査は一九八四年七月一日～一二月五日に実施された。調査区は第八次調査区の北側に隣接する高瀬川河床および左岸である。丘陵縁辺が調査対象区域に含まれたことから、当初より居住域と想定して発掘作業が進められた。

そして期待どおり、調査区北東部で前期の竪穴住居三基と貯蔵穴五基などの遺構群がみつかり、これまで不明であった集落の一端をとらえることができた（図12）。

一方、遺物では、草創期の隆起線文《りゅうきせんもん》土器を発見した（図15参照）。わずか五片であるが、多縄文土器や爪形文・押圧文土器よりも下層から発見され、これにより鳥浜貝塚は縄文時代の黎明を告げる遺跡の仲間入りをはたした。また、漁労活動を示す石錘（図27参照）が多縄文土器にともなう

図12 ● 竪穴住居跡の発掘調査
高瀬川の上流側からみた様子。白い線が竪穴住居跡など遺構の輪郭である。よくある発掘調査の風景だが、鳥浜貝塚では鋼矢板にかこわれない発掘風景はめずらしい。

ことが確実となり、これは列島最古の発見例として注目された。

貝塚の成り立ちを見直す（第一〇次調査）

第一〇次調査は一九八五年七月一日〜翌年一月一八日に実施された。調査区は第七次調査区の南東に接する高瀬川右岸で、第八次調査区の南縁に接する高瀬川と鰣川の合流点の角にあたる。

一連の調査の最後となることから、事前の打ちあわせはより綿密におこなわれ、積み残しや宿題を残さないよう計画が立てられた。なかでも第五次調査で設定された「生業を中心とする生活の復原」というテーマを実現するうえで欠かせない自然科学研究者との意見交換が重視された。その結果、従来の試料サンプリングに加え、貝の定性・定量分析や、植物質の遺存体を総合的に分析するための試料採取が実施され、以後の貴重な研究材料となっている。

このように明確な目的意識が功を奏したのだろうか、貝塚の成り立ちを考えるうえで重要な知見がえられた。それは、貝層群の形成初期に認められるヌマガイの単純貝層が自然貝層と判明したことである。詳細は第3章で述べるが、このことから貝層は水中ではなく、汀線付近の陸上に形成された可能性が高いと考えられるようになった。

これは貝層と分布域の重なる杭群の性格や、湖水準の変化と人間の廃棄行動の関連を考えるうえで重要な手がかりとなる。鳥浜貝塚調査の一貫したテーマであった考古学分野と自然科学分野との協業が、ここにきて遺跡形成過程についての認識を大きく前進させたのである。

第3章　鳥浜貝塚の時代と自然環境

1　鳥浜貝塚の時代

長期間利用された場所

第2章でみてきた二十数年におよぶ地道な発掘調査の結果、鳥浜貝塚では縄文時代草創期から前期にかけて、放射性炭素年代（本書では未較正の年代を用いる）でいえば約一万二〇〇〇年前から五〇〇〇年前までのおよそ七〇〇〇年間におよぶ分厚い遺物包含層がみつかり、多量の遺物が出土した（図13・14）。約一万年間といわれる縄文時代のじつに半分以上を占める。

ひとつの遺跡でこれほど長期にわたる人間の営みの痕跡があることは、たとえ断続的であれ驚くべきことである。さらに、その上部に堆積した土層からは縄文時代中期～晩期の遺物も少量ながら出土しているのだから、縄文時代をつうじて何らかのかたちでこの場所が利用されつづけたことになる。

そのなかでも主たる痕跡は、縄文時代草創期・早期の遺物包含層と縄文時代前期の遺物包含層の二つに大きく分けられる。これらの層の大部分は海抜○メートル以下にあり、草創期の遺物包含層になると深いところで海抜マイナス二メートルを超える。いずれの遺物包含層も水面下にあることで有機質遺物が良好に残り、当時の生活を具体的に復原できることなったのである。

草創期・早期の遺物包含層

草創期・早期の遺物包含層は、砂や泥からできていて植物遺体を多く含む湖沼堆積物と、岩屑《がんせつ》を多く含む崖錐《がいすい》堆積物に分けることができる。

湖沼堆積物からなる遺物包含層は遺跡の南半部に広がり、草創期から早期末まで連続して堆積している。そこでは草創期後半の土器である多縄文土器が下部にあり、遺物の出土しない層をはさんで上部に早期の土器である押型文土器の単純包含層がある。出土層位の上下関係によって土器型式の新旧関係を確かめることができる貴重な事例といえる。

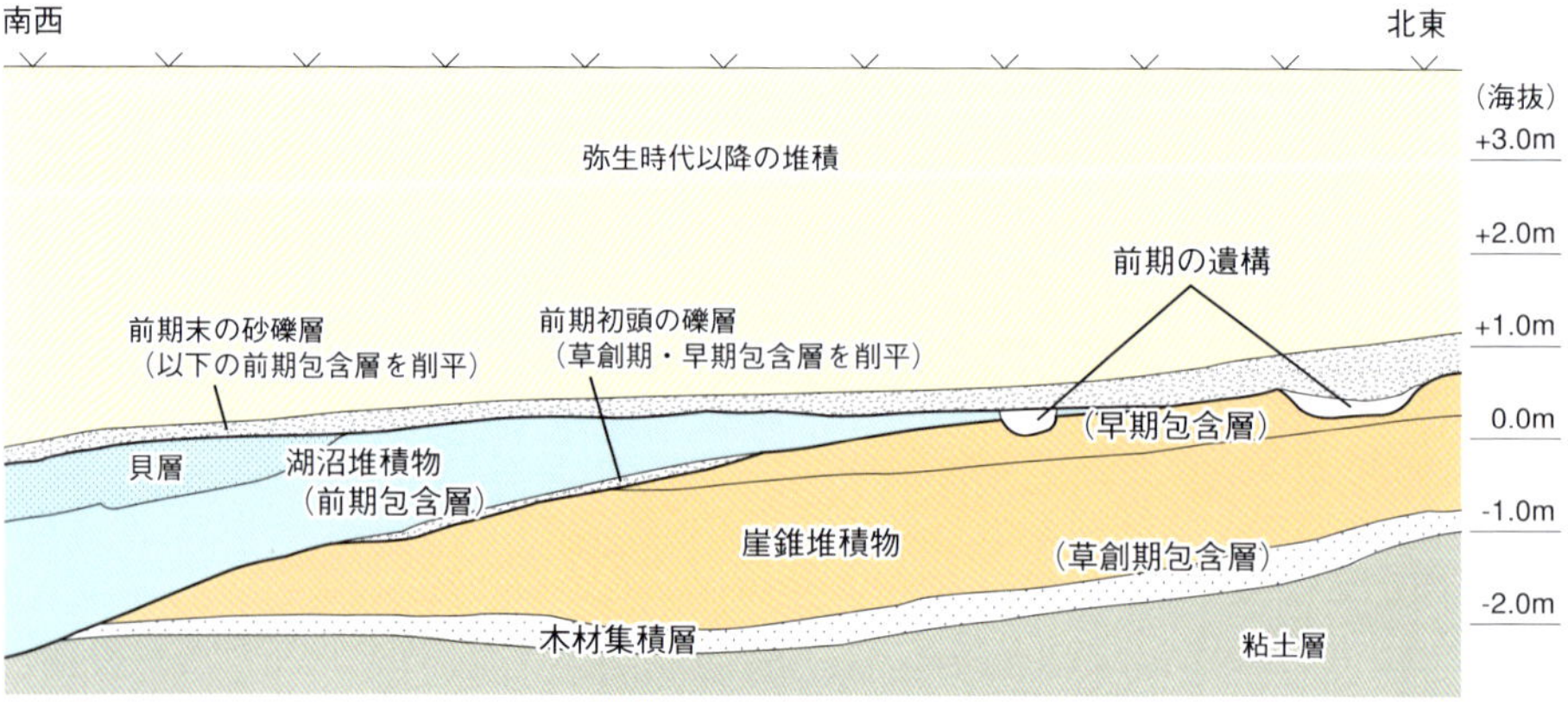

図13 ● 鳥浜貝塚の断面模式図（第9次調査区）
草創期・早期包含層は前期初頭に生じた自然削平により前期包含層とは連続しない。前期包含層や遺構も上部が前期末に削平を受けている。大規模な洪水などによると考えられる。

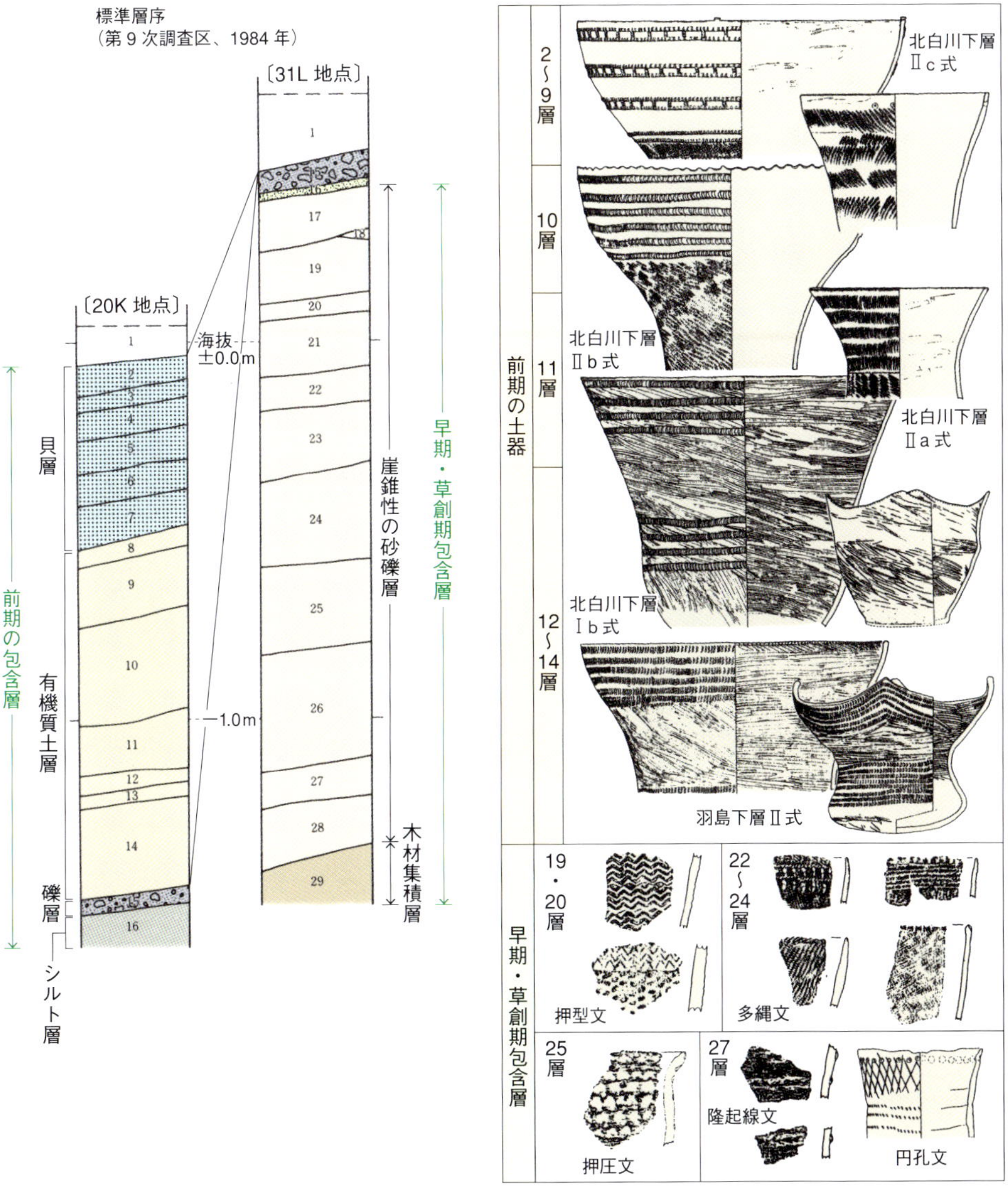

図14 • 鳥浜貝塚の土層と出土土器
標準層序の右の地点（31L、図13右方）は住居跡などがみつかった丘陵裾にあたり、左の地点（20K、図13左方）にみるような厚い前期包含層は認められない。

押型文土器の包含層はさらに二層に分けることができ、その間には約九三〇〇年前に噴出した鬱陵隠岐《うつりょうおき》（三方）火山灰層が堆積している。土器型式の実年代を知る手がかりとなる重要な成果である。

一方、崖錐堆積物は、北側の丘陵から崩れ落ちた、簡単にいえば、がけ崩れによって堆積した土砂である。遺跡の北半部に広がり、厚いところで約一・五メートル堆積している。この堆積は断続的に進行したようで一〇層以上に大別でき、草創期前葉の土器である隆起線文土器から早期末の土器である条痕文系土器まで、各時期の特徴的な土器がある程度まとまって順に出土したことから、やはり貴重な出土事例といえる。

この崖錐堆積物も水面下にあるため有機質遺物の保存が比較的良好で、そのなかから杭群や木製品、縄、植物遺体などがみつかっている。

前期の遺物包含層

前期の遺物包含層はおおよそ湖沼堆積物からできていて、大量の木材や未分解の有機物が含まれている。この湖沼堆積物のなかに貝層（塚）もつくられた。

貝層がつくられはじめるのは前期初頭で、終わりは前期後半である。前期初頭の貝層は遺跡の東部、前期後半の貝層は遺跡の西部に広がっている。このことと貝層の重なり方の観察によって、貝殻の廃棄は北から南、つまり丘陵側から古三方湖の中央部方向へと進み、さらに時期を追って徐々に西へ移動したことが明らかになっている。

貝層を構成する貝種はマツカサガイ、イシガイ、ヌマガイといった淡水産の二枚貝が多く、これに汽水《きすい》性のヤマトシジミや鹹水《かんすい》産のサザエやマガキなどを少量含む。初期の貝層ではヤマトシジミがマツカサガイについで多いなど、採集対象となる貝種は時期によって変化したようだ。これは、いわゆる縄文海進の影響による汽水域の変化が影響しているのかもしれない。

前期包含層の最上部には、砂礫を大量に混在する有機質土層が堆積している。この層は前期終末のころに洪水によって堆積したと考えられる。

人為貝層と自然貝層

鳥浜貝塚の貝層には、砂が多く混じり複数種の貝が入る層と、砂がほとんど混じらない泥炭に二枚貝のヌマガイだけがびっしり入る層の二種類がある。従来はどちらも人間の消費活動によってできた人為貝層と考えられてきた。

しかし、第五次調査以降の現場を担当してきた考古学者の網谷克彦氏は、第一〇次調査時に環境人類学者の辻誠一郎氏といっしょにヌマガイの貝層を詳細に観察し、二枚の貝殻が対のまま残った状態にあり、土器で煮て身をとり出すなど人の手が加わっていない様子から、それが自然貝層であると判断した。辻氏によれば、このヌマガイは水流によって岸辺付近に集積したものであるという。

とすると、自然貝層ができたときは湖水面が低下して岸辺に近かったと考えられる。そしてその上に砂の多く混じる人為貝層が形成されることから、人為貝層は水中ではなく汀線付近の陸上にあった可能性が高い。このことは、貝層を含む遺物包含層がすべて水中への廃棄行動の結果によってできたとするそれまでのイメージをくつがえすことになった。

こうして前期の堆積層は、たびたび生じた湖水準の変動によって、シルト→泥炭→自然貝層（泥炭）→人為貝層（泥炭＋砂）→泥炭のくり返しでできたと理解されたが、網谷氏はこれに遺物の分布を重ねて興味深い見解を示している。

つまり、土器、木器などの道具類や、動物の骨、木の実などの食料残滓は人為貝層に少なく、泥炭層や自然貝層に多いことから、これらの日常的な廃棄物は人為貝層とは地点を違えて意図的に水中へ捨てられたとみる。他方で人為貝層は日常的な消費によるのではなく、季節的・集約的な貝の採捕・処理で生じた残滓の集積というわけである。分厚い前期堆積層の背後には、鳥浜縄文人の単純ではない行動様式が隠されているようだ。

2 土器編年の確立

草創期の土器

文字資料のない縄文時代の年代を決めるには、縄文土器の型式編年によっている。鳥浜貝塚は西日本の縄文時代前半期の土器の型式編年を確立するうえで大きな役割をはたしてきた。一般の読者には煩雑と思われるかもしれないが、鳥浜貝塚の調査成果として大切なことなので、ここで簡単に紹介しておこう。

①隆起線文土器（左上：高さ 7.0 cm）

②円孔文土器（高さ 12.3 cm）

③爪形文・押圧文・無文土器
（左上：高さ 8.0 cm）

④多縄文土器（左上：高さ 9.7 cm）

図 15 • 鳥浜貝塚出土の草創期土器群
表面には煮炊きの痕跡である炭化物が付着する。また、点々と光って
みえるのは粘土に含まれる雲母で、多縄文土器に顕著である。

鳥浜貝塚で出土した草創期の土器は、隆起線文土器、爪形文・押圧文土器、多縄文土器に分類される。これらの土器は、縄文文化のはじまりを告げる一群の土器で、鳥浜貝塚では、それらが層位的に出土した。放射性炭素年代で一万二〇〇〇年から一万年前という測定値がえられている。

隆起線文土器　口縁部に二条以上の粘土紐を貼りつけ、斜めの刻み目を施す。出土数は五片とわずかだが、鳥浜貝塚での人間活動の最初の痕跡として重要である（図15①）。

なお、この隆起線文土器の包含層からは、それと異なる小ぶりの鉢形土器が出土している（図15②）。口縁に沿って円形の刺突をめぐらせ、その下に沈線で斜格子文を描き、さらにその下に爪形文を施す。このように別種の文様要素を同一の器面にもつ例はめずらしいが、いわゆる円孔文土器と理解されるもので、隆起線文土器より新しく位置づけられる。

爪形文・押圧文土器　馬蹄形や楕円文、D字形などバラエティーに富んだ刺突文、押圧文様を器面に広く施す。口縁部は外反し、粘土紐を貼りつけることなどで肥厚させる特徴をもつ。なお、これにともなって厚手の無文土器が出土している（図15③）。

多縄文土器　器面全体に縄文を施し、口縁部を刺突文や縄の側面圧痕文などで加飾する。器形は深鉢で、上からみると口縁や底部が方形を呈するものや口縁部に段をもつものがあって、新潟県東蒲原《ひがしかんばら》郡阿賀《あが》町の室谷《むろや》洞窟出土資料を標識とする室谷下層式に類似する。多縄文土器の分布では、本例が西端をなす（図15④）。

早期の土器

早期前葉から中葉に位置づけられる押型文土器、早期末に位置づけられる条痕文土器や表裏縄文土器などがある。放射性炭素年代で一万年から六〇〇〇年前という測定値がえられている。

押型文土器　彫刻を施した木の棒などを器面に回転させて文様をつける。鬱陵隠岐火山灰をはさんで上層に山形文・楕円文などを施文するもの（黄島《きしま》式・細久保《ほそくぼ》式など）、下層に格子目文・菱形文・山形文などを施文するもの（大川《おおこ》式・神宮寺《じんぐうじ》式・神並《こうなみ》上層式など）がみられる。

条痕文土器　サルボウなど放射肋《ほうしゃろく》をもつ貝殻などで器面調整をおこない、口縁部に刺突文や隆帯文などを施す土器で、東海系とされる諸型式がみられる。これにともなって、日本海側の遺跡で多くみられる表裏縄文土器や胎土に繊維を含む厚手の縄文施文土器が出土している。

前期の土器

鳥浜貝塚から出土する前期のおもな土器群は北白川下層式土器とよばれ、京都市左京区の北白川小倉町遺跡を標識として、近畿地方を中核として展開する。鳥浜貝塚では、この北白川下層式土器が整然とした層序としてとらえられ、その型式変遷を層位的に跡づけることができた。放射性炭素年代で六〇〇〇年から五〇〇〇年前という測定値がえられている。

羽島下層Ⅱ式土器　土器の内外面を放射肋をもつ貝殻などで条痕調整し、上下に二個連結したＤ字形爪形文を単位とする刺突列を口縁部と体部下半に施す。器種は有文鉢、有文深鉢、無文深鉢よりなり、いずれも丸底を基本とする（図16①）。

北白川下層Ⅰ式土器　羽島下層Ⅱ式では二個一対であったD字爪形文が分解して、単一で刺突列を構成する北白川下層Ⅰａ式（**図16②**）から、Ｃ字形爪形文やそれを千鳥《ちどり》状に連続させる、いわゆる連続爪形文を施文する北白川下層Ⅰｂ式へと変遷する。

器種では、羽島下層Ⅱ式にみられた胴部の大きくくびれる有文鉢が消え、Ⅰｂ式になると平底の無文鉢が登場する。

北白川下層Ⅱ式土器　条痕調整にかわって、器表面に縄文を施すようになる。口縁部にＣ字形連続刺突文を引きつづき施文し、鎖状《さじょう》や波状《はじょう》のモチーフを描くなど装飾性が増す北白川下層Ⅱａ式から（**図16③**）、それまでと施文原体が異なるＣ字形爪形文があらわれ、連続爪形文へ置きかわる北白川下層Ⅱｂ式（**図16④**）、さらに口縁部に粘土紐を貼りつけて施文する北白川下層Ⅱｃ式（**図16⑤**）へと変遷する。

器種では、有文深鉢で口縁部が大きく外湾するものと、開きぎみに直口するものに分化するが、Ⅱｃ式期になると前者が消失する。

北白川下層Ⅲ式土器　縄文を施した器面に粘土紐を貼りつけ、それよりも幅が狭い半截竹管《はんせつちくかん》でその突帯上に押し引きやナデ引きを施す、いわゆる特殊突帯文を特徴とする。口縁部内面に多数の爪痕や指頭圧痕を残し、瀬戸内地方の土器型式からの影響が想定される（**図16⑥**）。

なお、とくに記する以外は、羽島下層Ⅱ式を前期初頭、北白川下層Ⅰ式を前期前半、北白川下層Ⅱ式を前期後半、北白川下層Ⅲ式を前期末とする。

①羽島下層Ⅱ式土器（高さ 16.3cm）

②北白川下層Ⅰa式土器（高さ 22.5cm）

③北白川下層Ⅱa式土器（高さ 18.0cm）

④北白川下層Ⅱb式土器（高さ 26.8cm）

⑤北白川下層Ⅱc式土器（高さ 28.5cm）

⑥北白川下層Ⅲ式土器（高さ 21.5cm）

図16 • 鳥浜貝塚出土の前期土器群
写真は刺突文や爪形文、突帯文で加飾したいわゆる有文土器であるが、これらにともなって条痕調整や縄文を施しただけの無文土器も多数出土している。

3　自然環境の変化

花粉は語る

鳥浜貝塚がつくられた縄文時代草創期〜前期は、旧石器時代以来の氷期が終わって地球規模で温暖化が進んだ時期であり、鳥浜縄文人をとりまく自然環境も大きく移り変わった。

環境考古学者の安田喜憲《よしのり》氏は、第四次調査で採取した花粉化石を用いて花粉分析をおこない、鳥浜貝塚周辺の植生、気候の変遷をダイナミックに描きだしている。

草創期の堆積層では、ブナ属を主体として、コナラ亜属、オニグルミ属、クマシデ属、ハシバミ属、トチノキ属、シナノキ属など冷温帯落葉広葉樹の花粉が高い出現率を示す。また植物遺体の集積層からはブナの種子が多量に出土しており、鳥浜周辺の湖岸にはブナを中心とした冷温帯落葉広葉樹林が広く生育していたとみられる。

現在の若狭湾沿岸では、ブナ林は海抜五〇〇メートル以上の山地部にしか生育しないことから、当時の平均気温は現在より摂氏三〜五度は低かったと推測される。また、水辺に生育するハンノキ属、モチノキ属、トネリコ属や、ヒシ属、コウホネ属、アサザ属といった水生植物の花粉も多く出現している。

早期になるとブナ属が減少し、コナラ亜属、クリ属、スギ属の花粉が増加する。このことは気候が温暖・湿潤化したことを示す。気候の温暖化・湿潤化によって、ブナを中心とする森から、ナラ・クリを中心とする森へ変化したのである。水辺ではハンノキがいっそう繁茂し、ヒシャコウホネも依然として生育していた。

前期初頭になると、森の様相は大きく変化する。コナラ亜属、クマシデ属、ブナ属、クリ属など落葉広葉樹の花粉が減少し、かわってアカガシ亜属、シイノキ属、ツバキ属、モチノキ属など常緑広葉樹の花粉が急増する。同時にエノキ属、ムクノキ属、スギ属が増加し、マキ属が新たに出現する。このことはブナやミズナラなどの落葉広葉樹の森が後退し、かわってカシやシイなど照葉樹の森とスギ林が拡大してきたことを示す。水辺では相変わらずハンノキが繁茂したようだ。気候はよりいっそう温暖化・湿潤化し、年平均気温は現在と同じかそれ以上に達したと考えられる。

前期前半以降になると、アカガシ亜属、エノキ属、ムクノキ属が減少する一方、スギ属が急増する。気候の湿潤化がいっそう進んだためと考えられるが、人間の手によって照葉樹林が伐採された後の荒地にスギ林が拡大した可能性もあるという。草本花粉の増加もその影響とみる。

自然木の樹種同定

以上は花粉分析による当時の自然環境の理解だが、花粉は広範囲に飛散するため、たとえば三方五湖一帯というような

図17 • 巨大な流木
第７次調査時（1982年）に出土したもの。このような状況は洪水などの大きな自然災害があったことを物語る。

比較的広い範囲における植生変化を示していて、鳥浜ピンポイントの変化を示しているとはいえない。そのことから植物学者の能城《のしろ》修一氏と鈴木三男《みつお》氏は、第五次調査以降に出土した自然木約三二〇〇点の樹種同定をおこない、遺跡近隣の森林相と鳥浜縄文人の樹木利用の実態により具体的にせまった。その結果は、安田氏の花粉分析による森林相の変遷観をおおむね支持するものであったが、いくつかの相違点も認められた。

たとえば草創期では、花粉化石にはなかったトネリコ属が木材化石では優占し、逆に花粉化石にあったシナノキ属が木材化石にはみあたらない。早期では、花粉分析でブナ属の減少とコナラ亜属およびクリの増加が指摘されたが、木材化石でその傾向は認められない。前期では、花粉分析ではなかったヤナギ属が木材化石では増加している。

これらの相違点について能城氏らは、前述した各分析対象が反映する植生の範囲のちがいに起因するとしながらも、すべてがそれで説明できるわけではないとし、古植生の復元に異なる手法を用いる必要性を指摘する。そして植物研究者の笠原安夫氏による大型種実の同定検査との比較において、第五次調査で草創期包含層からトチの実が多数みいだされているにもかかわらず、自然木にトチノキがほとんど認められないことから、当時、遺跡近隣にトチノキは生育しておらず、トチの実は人の手によってもち込まれた可能性があると述べている。

このようにそれぞれ異なる植物化石のあり方は、人が森林資源をいかに利用したかという点で、次章以降紹介する生業活動や木製品などの研究において重要な意味をもつと思われる。

それでは、いよいよ鳥浜縄文人の暮らしにせまってみよう。

第4章　鳥浜縄文ムラにせまる

1　鳥浜縄文ムラの痕跡

住居跡と貯蔵穴

第2章でみたように鳥浜貝塚では、高瀬川左岸の丘陵に近い場所で集落施設がみつかった。竪穴住居が三棟と礫床土坑（炉）が一基、それに貯蔵穴が五基である（図18）。遺構からの出土遺物はなく、上部が削りとられているため詳細な時期比定は困難であったが、層位や覆土の観察から、いずれも前期のものであることはまちがいないという。

竪穴住居は不整楕円や隅丸方形で、いずれも径あるいは一辺が平均二・七メートル内外とかなり小さい。壁際に細い柱を立てて上屋を支える構造であったようだ。

炉は一号住居と二号住居でみつかっている。一号住居の炉は床を浅く掘りくぼめただけの地床炉で、二号住居の炉は底面に礫を敷いてある。両住居は切りあっていることから時期差があると考えられるが、前後関係は明らかでない。

貯蔵穴は、底径四〇センチ前後の二基と底径一メートルを超える三基の二群に分かれる。竪穴住居と同じく時期差なのかもしれない。なかに残っていた種実はドングリ類に限られ、遺跡全体では多量に出土するクルミ、クリ、シイといった類をいっさい含まなかったという。クルミ、クリ、シイが特別な処理をしなくても口にすることができるのに対して、ドングリ類の多くは渋があり、食用とするには水にさらすなどのアク抜きが必要となる。そのことから、これらの貯蔵穴はドングリ専用のもので、アク抜きのための施設の可能性が指摘されている。

このように鳥浜貝塚を残した人びとの集落が丘陵裾に広がっていたことが明らかとなったが、それは数棟の住居と貯蔵穴をともなう小さな集落である。ただし、この丘陵はかつて東へのびていたようであり、鰣川右岸にも遺物包含層があることから、集落域が現在の鰣川を越えて広がっていたのはまちがいないだろう。また遺物包含層や貝層の時期が東から西へ新しくなっていくことからすると、集落の中心も同じように移動した蓋

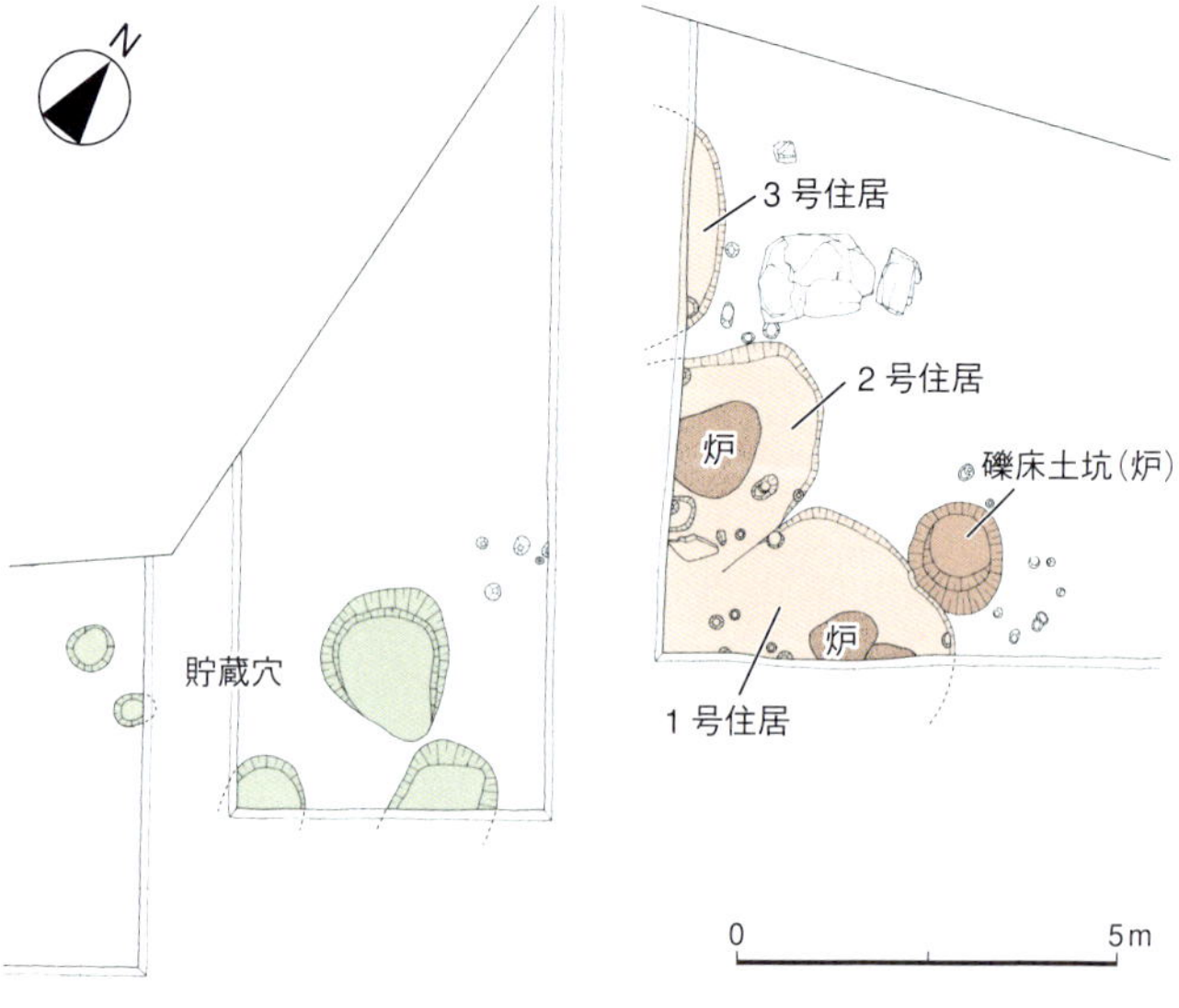

図18 ● 集落施設の遺構
礫床土坑は2号住居跡のものと同じ構造をもつ炉であることから、壁面を削平された竪穴住居跡の屋内炉の可能性がある。

然性が高い。

なお、死者を葬った墓壙《ぼこう》などは発見されなかった。関東地方や東海地方の貝塚では、貝層中に死者を葬る事例が多数みつかっており、北陸地方でも近年、富山市小竹《おだけ》貝塚で縄文時代前期の貝層から埋葬された九〇体を超える人骨が発見され話題となった。これらの例をみると、鳥浜貝塚の貝層に埋葬の痕跡をみいだせないのは不思議に思える。発掘面積が限られていたためとの考えもあるが、私は貝層が汀線近くで、つねに水の影響を受けやすい場所であったことから、埋葬地として利用されなかったのではないかと考えている。

水際の杭群

鳥浜貝塚でみつかったもうひとつの遺構は杭群である（図11参照）。杭群は第一次調査時から注目されていて、以後の調査でも毎回出土した。

杭群の多くは前期に属し、貝層の分布域と重なるようにみつかる場合が多い。直線状や円弧状にならんでいる

図19 ● 杭群の想定復元
鳥浜貝塚の前期集落を想像した一場面。水際に捨てられた貝殻が広がり、右手の岸から浅瀬にかけて杭群を柱にみたてた建物が描かれている。

ところもあるが、ほとんどは規則性がない。水中に構築されたとする理解から桟橋のような施設とされたり、杭群の近くで糞石が多く出土することから最古の水洗トイレとして紹介されたりしたこともあった。

しかし、前述のように人為貝層の多くが汀線近くの陸上で形成されたことが判明したため、貝層と重なる杭群も陸上の構造物、たとえば船小屋や貝処理施設といったものである可能性が示された（図19）。人為貝層が季節的な集約的労働の結果とすれば、貝処理施設とする見方は興味深い。ただ、汀線の変化により貝層が水中に没した後に杭が打ち込まれたことも考えられるので、水上の構造物である可能性も依然残されており、今後もさらに検討が必要だろう。

2　鳥浜縄文人の食料と生業

鳥浜縄文人の周辺環境と食料資源

縄文人は狩猟・漁労・採集を基盤とし、食料資源を自然の恵みに依存していたことは広く知られている。多くの縄文時代の遺跡では、遺跡の立地や石器組成といったいわば状況証拠から推測するしかないのだが、低湿地性貝塚である鳥浜貝塚では、多種多様かつ膨大な量の食料残《ざん》滓《し》（食べかす）を含む動植物遺存体が出土したことから、当時の食料資源がかなり具体的にとらえられている。以下、縄文時代前期の様相を中心に鳥浜縄文人の食料資源をみていこう。

表1は、鳥浜貝塚で出土した動植物遺存体のうち食料資源になりえたものを中心にリストア

ップしたものである。これをみると、出土量の多寡はあるもののさまざまな環境に生息する動植物を含んでいることがわかる。

鳥浜貝塚の周囲をみわたすと、半径五キロほどの範囲に湖沼・沖積低地・河川・山地があり、すこし足をのばせば内海、さらには外海へと通じる。それぞれの環境を好んで生息する動植物があり、異なる環境が多ければ当然、その種類も多様となる。リストにある多種多様な動植物からは、周囲のあらゆる環境おいて積極的に食料資源を開拓した鳥浜縄文人の姿が浮かびあがる（図20）。

表１ • 鳥浜貝塚出土の可食・有用動植物遺存体

動物遺存体	狩猟	哺乳類：**ニホンジカ**、**イノシシ**、ニホンカモシカ、ニホンザル、イヌ、オオカミ、タヌキ、ツキノワグマ、アナグマ、カワウソ、テン、ノウサギ、ヤマネコ 海棲哺乳類：アシカ、イルカ、クジラの一種、オットセイ？ 鳥類：ワシ、ハクチョウ、ウ ※同定が進んでいないが、哺乳類とくらべると出土量はきわめて少ない
	漁労	淡水産魚類：**フナ**、コイ、ウグイ、ワタカ、ハス、ナマズ、ギギ他 海産魚類： 汽水〜湾内：スズキ、クロダイ他 岩礁：イシダイ、ブダイ、マダイ、コブダイ他 沿岸〜外洋：フグ、ウシサワラ、ブリ、カツオ、マグロ、サバ、サメ他 ※魚類の同定も十分な量に達していない
	採集	軟体動物 淡水：**マツカサガイ**、**イシガイ**、トンガリササノハ、チリメンカワニナ、カワニナ、オオタニシ他 汽水：**ヤマトシジミ** かん水・岩礁：サザエ、コシダカガンガラ、レイシ、イシダタミ、クボガイ他 かん水・砂泥：サルボウ、ハイガイ他
植物遺存体	採集	野生・人里食用植物 ナッツ類：**オニグルミ**、**ドングリ類**、**スダジイ**、**クリ**、**ヒシ**他 果実：ヤマグワ、ブドウ属、マタタビ、ヤマボウシ、クサイチゴ、キイチゴ、イヌザンショウ、ムクノキ他
	栽培植物？・人里植物	ヒョウタン（草創期〜）、シソ、エゴマ、マメ科、ウリ科、アブラナ科、ゴボウ
		（付１）野生・人里有用植物 繊維：カラムシ・イラクサ科（コアカソ、カラムシ、イラクサ） 魚毒：エゴノキ （付２）縄・編物の材質分析 草創期：（縄）大麻様 前　期：（縄）大麻、タヌキラン、アカソ （編物）大麻、ヒノキ （編布）アカソ

※太字は大量に出土している種

シカとイノシシが中心だった狩猟活動

狩猟の対象となったのは陸棲哺乳類、海棲哺乳類、鳥類に大きく分けられるが、圧倒的に多く出土しているのは陸棲哺乳類である。そのほとんどはシカとイノシシで、哺乳類全体の約九五パーセントを占める。鳥浜貝塚のシカ・イノシシ遺存体については哺乳類学や自然人類学、動物考古学などを専門とする多くの研究者が調査し、詳細なデータがえられている。

同定された遺存体としてはシカがイノシシの二倍程度多いが、最小個体数ではあまり差がないか、むしろイノシシのほうがやや多い結果も示されている。さらに、各部位の残存率が両者で異なっており、捕獲後の解体・分配・調理の各方法に相違があったようだ。

年齢構成をみると、シカ、イノシシともに自然個体群ではもっとも多い〇歳台の個体が少ないため、捕獲対象には一定の配慮があったとみられる。このことから狩猟方法は罠猟のような無作為に仕留める方法ではなく、弓矢を用いた追跡猟が主だったと推測されている。出土した多量の石鏃からも弓矢猟が活発であったことはうなずけよう。

狩猟の季節について西田正規《まさき》氏はいずれも冬季と推定したが、近年、内山純蔵氏により異なる見解が示されている。これについては鳥浜貝塚の本質的な問題にかかわるので、後で詳しく述べたい。なお、追跡猟には猟犬がつきものだが、第一〇次調査出土の動物骨を観察した本郷一美《ひとみ》氏は、シカやイノシシの骨にイヌのものと考えられる咬痕を多くみいだしており、その可能性が考えられる。一方で、実際に出土しているイヌの骨は少なく、埋葬されたような様子も確認されなかった。猟犬として飼われたイヌは、人間と同じく別の場所に葬られたのだろうか。

POST CARD

恐れいりますが
切手をお貼り
ください

113-0033

東京都文京区本郷
2-5-12
新泉社

読者カード係 行

ふりがな		年齢	歳
お名前		性別	女 ・ 男
		職業	
ご住所	〒 都道府県 区市郡		
お電話番号	- -		

◉**アンケートにご協力ください**

・**ご購入書籍名**

・**本書を何でお知りになりましたか**

□ 書　店　　□ 知人からの紹介　　□ その他（　　　　　　　　　　　　　　）

□ 広告・書評（新聞・雑誌名：　　　　　　　　　　　　　　　　　　　　）

・**本書のご購入先**　　□ 書　店　　□ インターネット　　□ その他

（書店名等：　　　　　　　　　　　　　　　　　　　　　　　　　　　　）

・**本書の感想をお聞かせください**

＊ご協力ありがとうございました。このカードの情報は出版企画の参考資料、また小社からの新刊案内等の目的以外には一切使用いたしません。

◉**ご注文書**（小社より直送する場合は送料1回290円がかかります）

書　名	冊　数

湖を中心とする漁労活動

魚骨ではブリやマグロ、ウシサワラといった沖合に生息する大型魚類の骨がその大きさから目立つが、土のサンプルを水洗選別して大量に採取できるのは淡水産魚類の骨であり、量的にはこちらが主体となる。なかでもコイ科特有の咽頭歯《いんとうし》が多く含まれ注目されてきた。咽頭歯とは喉にある歯のことで、コイ科魚類は顎に歯をもたないかわりにこの咽頭歯が発達しており、種類ごとに本数や形、配列が決まっているためコイ科の分類の基準とされている。

本郷一美氏は、鳥浜貝塚で出土したコイ科魚類の多くがフナ属であり、体長は一五センチ以上で二〇～三〇センチの個体が多いことを明らかにした。また、コイ科魚類を専門とする中島経夫《つねお》氏らは、目が一ミリ未満のフルイを用いて水洗選別することにより、タナゴ亜科やウグイ亜科などのより小さなコイ科魚類も多数存在することを示した。

鳥浜縄文人の漁労活動のおもな舞台が湖や河川で

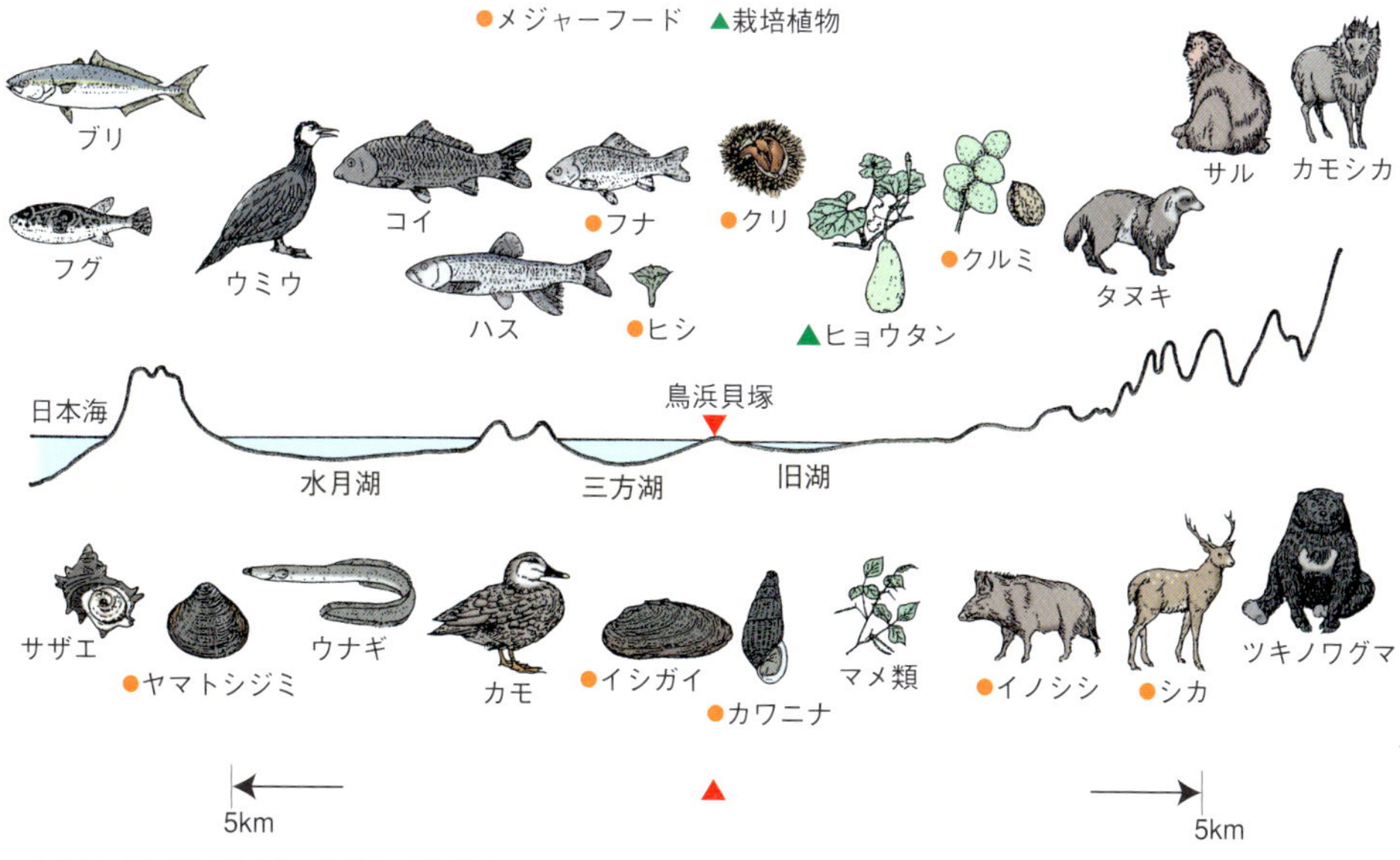

図20 ● 鳥浜貝塚周辺の地形と食料資源
鳥浜貝塚が変化に富んだ地形の中央部に位置することがわかる。

あったことは、遺跡の立地からみてもまちがいないだろう。かつては毎年五月ごろになると、フナが産卵のため三方湖の浅瀬や鰣川に押し寄せ、その様子は水面が盛り上がるほどだったという。

石錘が大量に出土していることから、網漁が主要な漁法であったと推測され、そのはじまりは草創期にさかのぼると考えられる。前期後半になると石錘が減少し、石鏃や骨製ヤスが増えることから、古三方湖の沖積化にともなう漁労域の変化や漁労活動そのものの不振が指摘されているが、これまでの魚骨の調査からは明確にそうとはいえないようだ。

また、ブリ属やマグロ属といった外洋性大型魚類遺体が前期前半から後半まで一定量存在することを若狭三方縄文博物館の小島秀彰《ひであき》氏が明らかにしている。

盛んだった採集活動

採集活動の対象となる食料資源には、動物質では貝、植物質ではクルミやドングリなどの堅果類とヤマグワやクサイチゴなどの果実類がある。

貝には淡水・汽水《きすい》・鹹水《かんすい》の各生息域の種類がみられるが、大量に出土しているのは淡水性のマツカサガイやイシガイと汽水性のヤマトシジミである。このことは、やはり集落に近い湖沼や河川がおもな採集場所であったことを示している。また前述したように、ヤマトシジミは形成初期の貝層に集中することから、当時は汽水域が集落近くまでせまっていたとも考えられる。

堅果類ではクルミやクリ、カヤ、ドングリ類に加えて、一年生の水草であるヒシの実が大量に出土している。ほかの堅果類と同じく秋に収穫できるヒシの実にはデンプンが多く含まれ、ゆでて食べるとクリのような味がする。三方湖では今でもヒシの繁茂する様子をみることができ、縄文人にとっても湖畔に居住する大きな動機となっただろう。草創期の包含層からも多く出土しており、すでに食料として利用されていたようだ。

なお、草創期の包含層からはクルミも多く出土しているが、出土層位ごとにクルミ殻の遺存状況を検討した畠中清隆氏は、草創期包含層出土のものには小動物のかじった痕が高い割合で認められることから、前期にくらべてその利用率は低かったとみている。

また、草創期包含層からは前期包含層にあまりみられないブナやトチの実が多く検出されている。このことは、花粉分析によって当時の鳥浜周辺の森林植生が冷温帯落葉樹林とされたことに合致するが、これらが食料資源としてとり上げられることは少ない。とくにトチについては、水に溶けないサポニンやアロインといった成分による強烈な渋味があるため、食用とするには灰で中和するなど高度な技術を必要とし、出土事例からその食用化は縄文前期末～中期と一般的に考えられている。

これに対して民俗考古学者の名久井《なくい》文明《ぶんめい》氏は、民俗例にある灰を用いないトチのアク抜き技術を紹介し、鳥浜の出土例をそれが草創期までさかのぼる証拠と考えた。前述のように、これらのトチの実が人の手によってもち込まれたとすればその蓋然性は高いが、はたしてどうだろうか。これまでの常識をはるかに超える事例だけに慎重な検証が望まれよう。

一方、前期包含層でトチノキは容器の用材として多く出土するが、種実の出土は少ない。かわって多く出土しているのがクリであり、木材としても多用されている。ドングリ類はスダジイが多いようで、ほかにアカガシ亜属を含んでいる。スダジイは照葉樹林を構成する主要な樹木のひとつであり、クルミやクリ、ヒシと同じく渋をほとんど含まないことが多く利用された理由だろう。

はたして植物を栽培していたのか？

鳥浜貝塚の発掘でセンセーショナルな成果のひとつがさまざまな「栽培植物」の発見である。第四次調査でヒョウタンとリョクトウの出土が報じられたのを皮切りに、以後、笠原安夫氏らによりエゴマ、シソ、アブラナ科、ゴボウ、アサなどの種実が同定され、縄文前期の鳥浜で植物の栽培がおこなわれていたとする考えは当然のように語られるようになった。ヒョウタンは容器、エゴマの油は漆塗りの溶媒、アサは繊維というように、食用以外の目的を想定できる植物が多い。

これら栽培植物は野生種が日本に存在せず、中国やインドなどで栽培化されたものが伝わったと一般的に説明される。しかし、ヒョウタンが海流にのって漂着して自生し、それを縄文人が利用した可能性も指摘されるなど、栽培の有無には慎重な意見もある。また、エゴマとシソのような近似種の区別が難しいことや、当初はリョクトウと同定されたマメ類が、現在ではササゲ属の野生種と認識されているように、同定の根拠にも議論がある。植物名は今後も十分吟味される必要があるようだ。さらに、縄文時代の栽培植物全体の問題として、間違いなく縄文時代のものかどうかを出土状況だけではなく放射性炭素年代測定によって確認する必要性も指摘されている。

このような栽培植物そのものの来歴は別としても、西田正規氏が述べるように、縄文前期になって鳥浜貝塚周辺に栽培植物を含む多種の草本が繁茂していたことは、種実同定や花粉分析の結果から明らかなようだ。これらは日光のあたる開けた場所を好んで生える陽性植物のため、うっそうとした照葉樹の森のなかでは育ちにくい一方、人の手によって森が切り開かれた集落周辺はその格好の生育場所となる。「人里植物」ともよばれるゆえんであるが、栽培といえないまでも、縄文人が経験的に有用と判断した植物を保護・管理したことは想像にかたくない。それは雑草を除去するなど簡単な手入れによって十分達成できたことだろう。

定住集落を可能にした食料資源

第三次・四次調査で前期の包含層から出土した動植物遺存体を分析した西田正規氏は、食料資源として認めた植物二一種、哺乳類一二種、貝類三三種、魚類六種以上、鳥類

図21 • ヒョウタンの出土状況
第6次調査（1981年）では多縄文土器包含層と押型文土器包含層との間層から出土した。

三種の計七五種以上のなかから、資源量が豊富で、採集・運搬がしやすく、栄養価が高いことなどを条件に、鳥浜縄文人の食生活を支えたと考えられる、いわゆるメジャー・フードを抽出した。哺乳類ではシカ、イノシシ、魚類ではフナをはじめとする淡水魚類、貝類ではヤマトシジミ、マツカサガイ、イシガイ、カワニナ、植物ではクルミ、ヒシ、ドングリ類、クリである。また、遺体として残りにくいイモ類やユリ科などの球根類などを加えても、いずれも集落を中心とする半径約五キロの範囲内で入手可能なものである（**図20参照**）。

五キロといえば、徒歩で往復約二時間の距離である。つまり捕獲や採集活動の時間を加えても、集落から

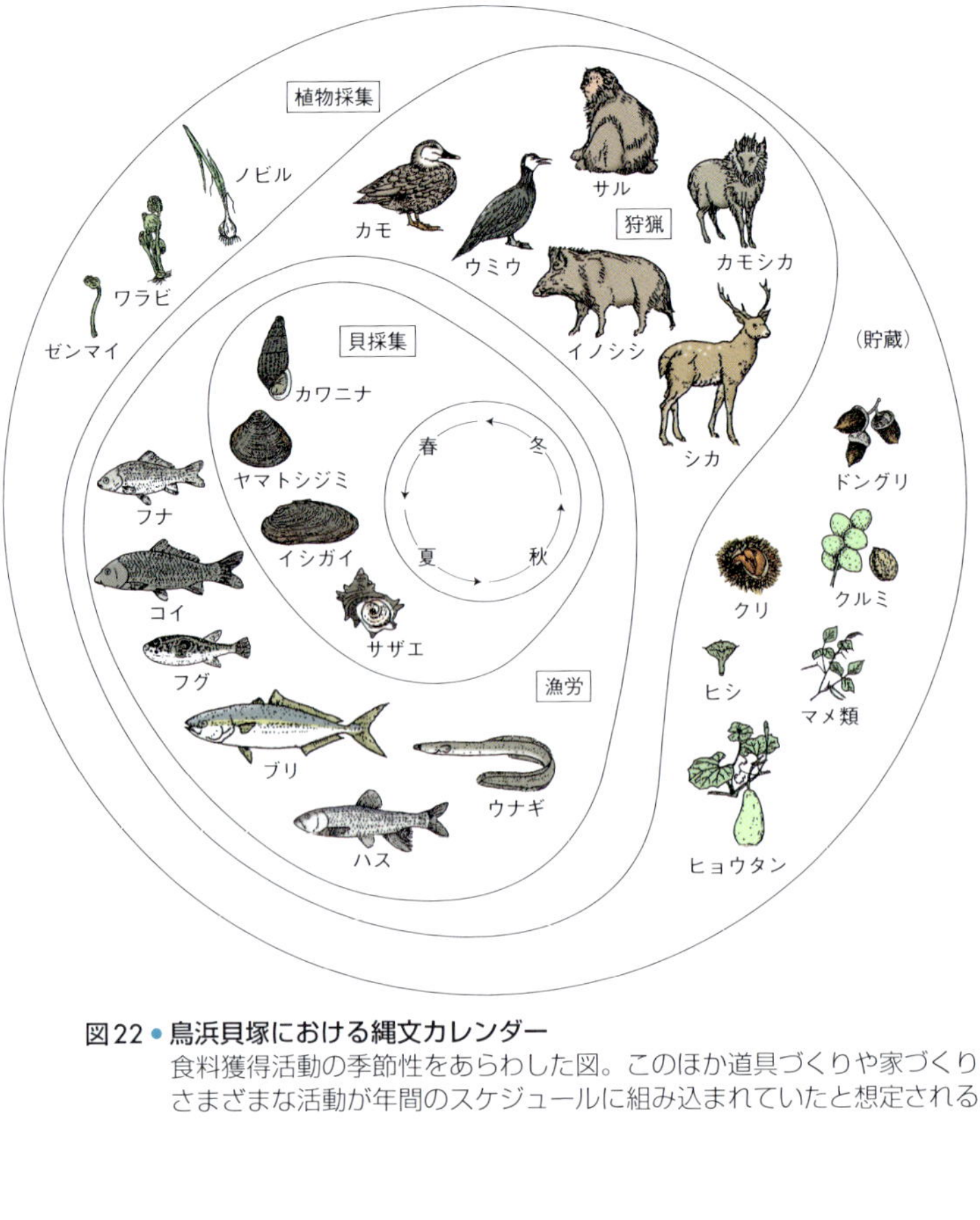

図22 ● 鳥浜貝塚における縄文カレンダー
食料獲得活動の季節性をあらわした図。このほか道具づくりや家づくりなど、さまざまな活動が年間のスケジュールに組み込まれていたと想定される。

一日で行動できる範囲といえる。また、これらメジャー・フードなどを年間の労働スケジュールである「縄文カレンダー」にしてみると、まさに日本列島の季節変化に対応した食料資源を利用していたことがわかる（図22）。

これらはいうまでもなく、湖に面し、丘陵を背負った鳥浜貝塚集落ならではの資源利用である。とくに淡水魚のフナと湖沼に生えるヒシの実は「湖の恵み」といえ、この地に縄文人が集落を構えることの動機となり、生活を支えたことだろう。

湖は食料資源の宝庫であるとともに、丸木舟を使ってさまざまな環境に短時間でアクセスできる交通路でもあった。集落周辺だけではなく、対岸の山野や川を下った内海、そして外海までも日常的な活動範囲にとり込み、多種多様な食料資源の開拓ができた。

縄文時代の生業活動が、狩猟・漁労・採集を組みあわせて食料資源の季節的変化に対応し、さらに堅果類などを貯蔵することによって年間を通じ安定して一定の場所に居住する「定住」を送っていたとする理解はほぼ定説となっている。そして、前述したように、鳥浜貝塚の発掘成果はまさにそれを実証するものと評価されてきた。ところが、近年、その評価を揺るがす研究成果が提出されている。

3　鳥浜貝塚は「定住」集落だったのか？

縄文前期の鳥浜貝塚集落における生業活動は、長らくつぎのようにイメージされてきた。

春から秋にかけて日常的に湖で網漁や貝の採集をおこないながら、春には山菜や球根の採集、夏には内湾や外洋での漁労、秋には堅果類の採集、そして冬は貯蔵した堅果類を消費しつつ、狩猟活動に従事する。つまり、年間を通じ鳥浜の地を本拠として多角的に食料を獲得する、縄文時代の「定住」イメージの典型例である。

これに対して、動物考古学者の内山純蔵氏は近年、第九次調査で大量に出土した前期後半のシカとイノシシの遺存体を分析し、下顎骨の臼歯萌出段階と摩耗程度の観察によって、シカは夏〜秋、イノシシは秋〜春が主要な猟期だったと査定した。

さらに、骨の部位別出土頻度を検討し、アメリカの考古学者ルイス＝ビンフォードによるヌナミュウト・エスキモーの民族考古学的研究と比較した結果、シカの骨は集落を拠点にした狩猟で獲得したときの残り方をし、イノシシは狩猟キャンプで狩猟したときの残存モデルに比定できるとした。

つまり、鳥浜は春から秋にかけては集落として営まれたが、冬季になると主たる居住地は他所へ移し、鳥浜の地はイノシシの狩猟キャンプとして利用されたと解釈したのである。

内山氏の研究は、鳥浜貝塚を通年的な集落とみる通説に一石を投じたもので、非常に刺激的である。ひとつの集落遺跡が季節によって異なる機能をはたしたとする考えも新鮮だ。

しかし、刺激的だけに、このイメージが先行してしまうことへの危惧も覚える。私自身は内山氏の研究に対して確固たる反証をもつわけではなく、「鳥浜貝塚＝定住集落」という従来のイメージにとらわれているだけかもしれないが、内山氏が冬季の鳥浜貝塚を狩猟キャンプに比定するうえで根幹となるイノシシの残存部位の解釈や、そもそも環境や生活体系の異なる民族例と比較することの妥当性を疑問視する声には耳を傾ける必要があるだろう。また、この分析はあくまで前期後半に属する動物遺存体を対象としたものであるから、鳥浜貝塚の前期全体に適用できるわけではない。

次章でみることになるが、前期の前半と後半では出土した石器の組成などに様相の異なる点も多く、生業活動や居住形態の変化を反映している可能性がある。また、つぎに述べるクリやウルシをはじめとする森林資源の管理や利用ということでは、縄文時代前期に通年的な定住がおこなわれていた蓋然性は高く、遅くとも早期中葉には定住化が図られたとの研究成果もある。時期や地域による生態的・社会的な多様性の議論をふまえ、多方面からの検証を期待したい。

4　クリとウルシの管理栽培は

鳥浜縄文人はクリを栽培していたか？

さて、この定住集落に関連する議論のひとつが、縄文時代におけるクリとウルシの管理栽培にかんする議論である。

クリは縄文時代に、食料としても木材としても多用された重要な資源であり、古くは酒詰仲男氏が出土するクリの実の大きさから栽培の可能性を指摘し、西田正規氏もクリが日照を好み、日陰地では育ちにくい植物であることから、森を切り開いた集落周辺の人為的環境で生育したものと考え、そこに栽培の萌芽をみいだした。近年では農学者の佐藤洋一郎氏らがDNA解析を用いて管理栽培を証明しようとする研究を進めており、鳥浜貝塚出土のクリについても、前期の包含層から出土した果皮一九点の分析をおこなっている。その結果、野生種にくらべ遺伝的多様性がやや低下しているとして、ある程度の栽培があったと結論づけた。今後、分析試料を増やし、データの信頼性を高めることが求められよう。

ウルシはいつから?

一方、塗料や接着剤として用いられたウルシは、従来、栽培・利用技術とともに中国経由で伝わったとされてきた。しかし、前期の鳥浜貝塚で優れた漆器類がすでに製作されていたことが判明し、さらに日本列島での漆製品の出土例が古さを更新するにつれ、ウルシ

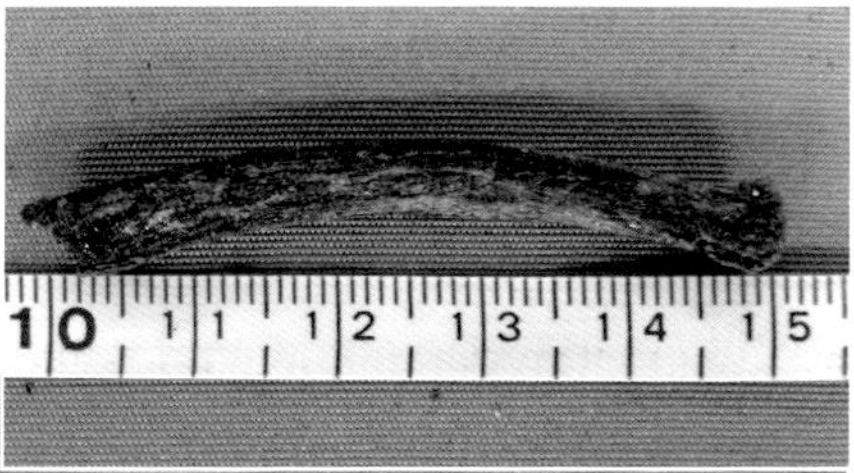

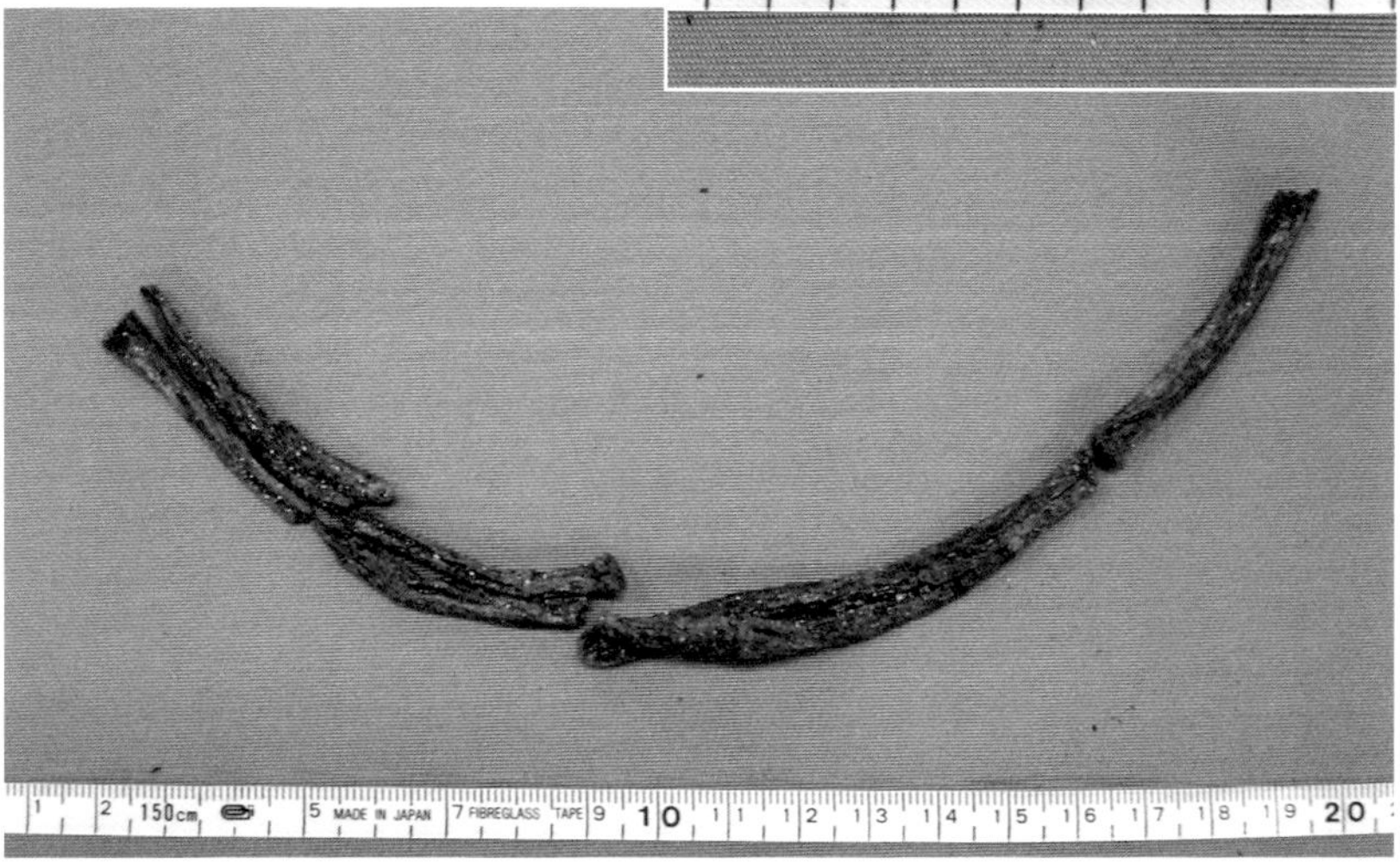

図23●草創期の年代を示したウルシの枝材
当初はヤマウルシとされたが、再同定によってウルシと認められた。このような小さな自然木さえもとり上げ、20年以上保管していたことで、今回の大きな成果につながった(右上の写真は、下の右端部分の拡大)。

はもともと日本列島に自生し、独自に栽培・利用技術が開発された可能性もあると唱えられるようになった。なお、現在までに確認されているもっとも古い漆製品は、北海道函館市の垣ノ島B遺跡で出土した早期前半の漆を塗った赤い糸で編んだ装飾品である。

ウルシは人間が生育場所の管理をおこなわないと、ほかの木に負けて生育できないという。そして、鳥浜貝塚のように漆製品が多用されているということは、相当量のウルシの樹液の採取が必要で、集落の周辺に管理されたウルシ林があったと考えられている。ただし、前期堆積層から出土した木製品や自然木にウルシ材が確認されていないことには注意する必要があるだろう。その一方、驚くべきことに、漆製品がみつかっていない草創期堆積層においてウルシ材が出土していたのである（図23）。

二〇一二年、鳥浜貝塚から出土したウルシの小枝が、放射性炭素年代で約一万六〇〇〇年前（較正年代で約一万二六〇〇年前）のものと報告され話題となった。この小枝は一九八四年の第九次調査において、草創期の爪形文・押圧文土器包含層から出土したもので、年代的に齟齬はないという。これにより、ウルシが早くも草創期には国内に存在していたと確認されたわけだが、報告者である鈴木三男氏らは、これをもって安易にウルシの日本自生説にくみしないと慎重な姿勢を示している。DNA解析を用いた現生ウルシの比較研究も進められており、今後の議論の行方が注目される。

第5章　鳥浜縄文人の世界

1　煮炊きの道具だけではない土器

煮炊きの道具としての土器

鳥浜貝塚は、低湿地性貝塚遺跡という特性から、ほかの遺跡からは想像できないような多種多様な生活用具が出土した。それはあたかも縄文人が、その文化を後世に伝えようと資料を収めて地中に埋めたタイムカプセルのようである。本章では、そこからみえてきた鳥浜縄文人の世界を垣間見てみよう。

第3章で年代のものさしとして紹介した縄文土器が、おもに煮炊きに用いられたことは広く知られている。私の仕事柄、実物を前にしてこのことを小学生に説明するとき、鳥浜貝塚の土器は非常に都合がよい。なぜなら、表面に煮炊きしたことを示す煤や炭化物がべっとり付着しているからである。そのような状態の土器がみられるのも低湿地遺跡ならではといえる。

そうなると、つぎに知りたくなるのが何を煮炊きしていたかである。この点については、資料の蓄積にもかかわらず、今もなお課題として残されている。近年は炭素・窒素の安定同位体比や脂質の成分分析から土器付着炭化物の由来を探ろうとする試みが国内外で進められている。まだまだ研究の途上なので、詳細を明らかにできる段階ではないが、中部日本から西は多くが陸上起源の食材を反映しているのに対して、東日本、とくに東北北部から北海道は海洋動物の影響を受けた食材の割合が増え、北海道などはほとんど海洋動物起源という興味ある分析結果がえられている。

鳥浜貝塚に関しては、日英共同チームが国内一三遺跡の草創期土器を分析したなかで、鳥浜の多縄文土器から魚調理の痕跡が検出されたとイギリスの科学誌『ネイチャー』（二〇一三年四月一一日付）が発表し、今後の展開が注目される。

赤く彩った土器

膨大な量の鳥浜貝塚の前期土器群のなかでひときわ目を引くのが、赤色の顔料で文様を彩った土器である。小さな破片が多く、全体を復元できる個体は少ないが、大半は浅鉢形もしくは鉢形のようだ。これらの土器は大きく二つの種類に分けることができる。

ひとつは漆塗土器である。器壁は八ミリ前後と厚く、半截竹管で木の葉模様などを描くものや無文地に彩漆のみで渦巻などの文様を描くものがある。彩漆を施す前の無文部分はていねいに磨いている。赤色漆は顔料としてベンガラを用いているが、黒色の部分は顔料を混ぜているわけではなく漆自体が変色したものらしい（図24上）。

　これら漆塗土器は近畿から中国地方に分布する北白川下層式に対峙して、中部から関東・東北南部に分布する諸磯《もろいそ》式土器圏で製作され、当地にもち込まれたとみられる。図24上の土器によく似た土器は山形県の押出《おんだし》遺跡でも出土しており（図24下）、広く流通していたようだ。

　もうひとつは丹彩（塗）土器やベンガラ塗土器とよばれているもので、漆液ではなく水に溶かしたベンガラで彩色したものである。漆塗土器が、焼成後に塗彩しているのに対して、こちらの土器は塗彩した後に焼成し、いわば焼き付けをおこなったものとみられる（図25）。文様のモチーフは諸磯式土器から借用しているものの、器壁は北白川下層式と同様に五ミリ程度以下と薄く、当地を含む後者の土器

図24 ● 鳥浜貝塚（上）と押出遺跡（下）出土の漆塗土器
ともに胴の丸く張った特徴的な器形をもつ。磨き上げた無文の器面に赤色漆を塗り、その上に黒色の漆で渦巻模様などを描いている（上：長さ21.3cm、下：高さ14.5cm）。

圏で製作されたものと考えられる。

これらの土器について考古学者の小杉康《やすし》氏は、漆塗土器を「搬入土器」、ベンガラ塗土器をその「模倣土器」と概念化した。そして、両者は諸磯式土器圏と北白川下層式土器圏において象徴的器物＝威信財として儀礼交換の対象となり、地域社会間の安定に寄与していたと推測している。残念ながら鳥浜貝塚では、小杉氏が象徴的器物＝威信財の根拠とするような出土状況(副葬されるなど)は確認されていないが、当該期における広域な物の動きと社会を考えるうえで非常に興味深い。

2　生活の変化を示す石器群

石器も縄文時代の暮らしを支えた重要な道具である。鳥浜貝塚で出土した個々の石器そのものは縄文時代に通有のもので、決してめずらしくないが、重要なことは、草創期から前期まで、時期による多寡はあれ豊富な出土量を有し、細かく変遷を追える点にある。一遺跡という限られたフィールドで、しかも使用の対象であるほかの素材の道具や食料残滓と比較しながら時間的変遷を追えることは、貴重なケーススタディとなりうる。

図25 ● 鳥浜貝塚出土の丹彩土器
北白川下層Ⅱb式にともなって出土した。器壁は3～5mmと非常に薄い。内面にも赤色顔料が点々と認められる(高さ10.0cm)。

草創期・早期の石器

草創期・早期に属することが明確な石器は、第五次以降の調査で総数二六〇点あまりにおよぶ（製作で生じた剥片などの残滓は除く）。

草創期では、爪形文・押圧文土器および多縄文土器にともなって一五〇点近い石器が出土している（図26・27）。弓矢の矢先に使用する石鏃が五〇点以上ともっとも多く、ついで漁網の重りにした石錘が約三〇点、切ったり削ったりするのに用いるスクレイパー類（削器《さっき》・掻器《そうき》）と堅果類の殻を割ったり実をすりつぶしたりする磨石《すりいし》類（磨石・敲石《たたきいし》・凹石《くぼみいし》）がそれぞれ約一五点とつづく。そのほかに石槍《いしやり》、石錐、磨製石斧、石皿、砥石《といし》などがあり、縄文時代にみられる標準的な器種をほぼ備えているといってよい。

そのなかでも石錘は、漁網の重りと認められる国内最古の事例として注目される（図27）。前期のものにくらべて小型・軽量にまとまり、

図26 ● 鳥浜貝塚出土の草創期石器群（1）
多縄文土器にともなった剥片石器など。左半が石鏃、右半はスクレイパー類・石錐・磨製石斧・有溝砥石。中央下の白っぽい縦長のスクレイパー類は、東北地方で多く産出する珪質頁岩を用いている（右下：長さ12.3cm）。

紐をかける部分を素材礫の短軸方向に設ける割合が高い。古三方湖周辺で他地域にさきがけて網漁を開始したと想定されよう。

早期の石器は約八〇点ある。そのうち石錘が六〇点以上と圧倒的に多く、石鏃が一四点でそれにつぐ。ほかにスクレイパー類や磨石、砥石が数点ずつある。ただし、押型文土器の単純包含層では石鏃と石錘の出土量は拮抗していることから、草創期の多縄文土器期の様相とほぼ共通するとみてよいだろう。

前期の石器

第五次調査から第一〇次調査で集計された前期の石器総数は、製作残滓を除いた狭義の石器だけでも五八七八点におよぶ。

石鏃が二九五四点と圧倒的に多い（約五〇パーセント）が、その約八割は遺物包含層の上部の二次堆積の砂礫層から出土していることから、

図27 ● 鳥浜貝塚出土の草創期石器群（2）
多縄文土器にともなった礫石器。奥中央に磨石類・石皿、そのほかは石錘である。石錘はえぐるように打ち欠いて紐かけ部分をつくっている（右上：長さ9.7cm）。

ほかの器種と単純に比較できないので注意する必要がある。ついで多いのは石錘で一〇五三点である（約一八パーセント）。その七割以上が前期前半までの包含層から出土している。

以下、磨石類、スクレイパー類、石錐、石皿とつづき（図28）、そのほかに石匙《いしさじ》（図29左）、打製石斧《だせいせきふ》（礫器《れっき》）、磨製石斧（図29右）、砥石、軽石石器が数十～一〇〇点前後あり、長期にわたる多様な生産活動を物語っている。

草創期・早期の石器群と比較すると、圧倒的多数を占める石鏃と石錘のかげで、堅果類の加工調理具と考えられる磨石類や石皿の量が多くなっていることに気づく。前期になって堅果類の利用がより活発におこなわれるようになったといえるだろう。石皿には重量が数十キロにおよぶ大きなものや使い込まれて深くくぼんだものがあり、長期にわたって利用されたことがうかがえる。

図28 ● 鳥浜貝塚出土の前期の磨石類と石皿
中央部左側の磨石と石皿は堅果類などのアクによって黒く染まっているかのようである（奥の石皿：長さ61.0cm）。

このような耐久消費財ともいえる道具の存在は、生活がより定着的になったことを示すものと思われる。比率の変化では目立たないが、磨製石斧や石錐、砥石といった樹木の伐採や木材・骨角の加工具が増加するのも同様の理由だろう。

石器の量的変化にみる生業の移り変わり

ところで、前期の石器群のなかでも、出土層位から時期を特定できるものに限って個数の変遷をみると、石鏃と石錘の関係に大きな変化があることがわかる。つまり、前期初頭から前半では石錘の出土割合が石鏃を明らかに上まわっているが、前期後半の北白川下層Ⅱa式期ではほぼ同率となり、北白川下層Ⅱb・c式期になると石鏃が圧倒的に多くなるのである。

この変化について報告書などでは、集落の

図29● 鳥浜貝塚出土の前期の石匙と磨製石斧
左：石匙はナイフのように使用された道具で、つまみ部に紐を結びつけて携帯したものと考えられている（右下：長さ5.2cm）。
右：磨製石斧の多くは使用により破損している（左上：長さ17.4cm）。

目の前に広がっていた古三方湖が沖積化によって縮小したため、湖を中心におこなわれていた網漁の漁獲量が減り、かわりにイノシシやシカなどの陸獣をおもな捕獲対象とした弓矢猟の比重が高まった結果と推測している。実際に獣骨の出土量も石鏃と軌を一にして増加するという。また、漁具としてはヤスなど骨角製刺突具が石錘にかわって増加するとして、網漁から刺突漁への漁法の転換、さらに内水面から海への主要な漁域の移動が想定されている。

この解釈にもとづいて、鳥浜縄文ムラは湖畔という地の利を生かし、淡水魚を対象に安定した漁獲の見込める網漁を生業に組み込んで定住化の促進をはたしたものの、湖の沖積化という環境変化によって、不安定な陸獣の狩猟活動に依存するようになったとするストーリーが描かれている。非常に明快で魅力的な説であるが、石器組成に関していえば、若狭湾沿岸のほかの遺跡でも同様の傾向がうかがえ、必ずしも古三方湖周辺の環境変化のみで説明できない。

また、これまでの出土魚骨の分析からは、漁労活動の内容に大きな変化は認められないようだ。ただし、前章で紹介した中島経夫氏らは、前期後半になると、多様だった淡水魚類の咽頭歯がフナ属ばかりの組成に変化することを報告しており、漁労活動に生じた何らかの変化を反映している可能性がある。処理加工のあり方も視野に入れた検討が必要と思われる。

石器の石材はどこから

つぎに石器の石材をみていこう。磨石類や石皿などの礫石器には花崗岩類や砂岩といった、周辺の河原でも多く目にする石材を用いている。

一方、石鏃など機能的に鋭利さが求められる剝片石器には、やはり近隣で採取できるチャートに加え、近隣ではみかけない黒色緻密な安山岩質の石材を用いている。これらの一部を物理学者の藁科《わらしな》哲男、東村武信《ひがしむらたけのぶ》氏が産地分析し、奈良県の二上山《にじょうざん》や香川県の金山《かなやま》などで産出するサヌカイトで、なかでも二上山産が主体をなすことが判明している。

また、同じく遠隔地からもたらされた石材に黒曜石があるが、出土量はきわめて少ない。大半は島根県の隠岐産であり、北陸を含む中日本を中心に多く流通していた長野県の西霧ヶ峰産をわずかに含む。そのほか、磨製石斧には北陸中部産とみられる蛇紋岩、草創期のスクレイパー類のなかには、製作技術や石材からみて東北方面からの搬入品と考えられるものがある。

日常的に消費したであろう石器に、一〇〇～数百キロ離れた遠隔地の石材を用いた背景には何があるのだろうか。たんに石質が適していたからという理由だけではなさそうだ。そのことは、たとえば石匙のなかで北白川下層式土器に特徴的にともなう整った三角形のものに限ってサヌカイトが多用されるといった点にもあらわれている。おそらく、地域・集団間における社会的関係のもとで石材の入手と利用がおこなわれたのだろう。

3　鳥浜貝塚を特色づける木の道具

鳥浜貝塚の出土品で特筆すべきは、なんといっても木を材料とする多種多様な道具類である。出土した木製の人工遺物は、集計結果が公表されている第五次～第一〇次調査分でも約二七〇〇点、以前の調査分も加えると三千数百点におよぶ。

その八割以上は杭や板材、棒材、加工材といった構築材や多岐の用途が想定される資料で、草創期の遺物包含層からも多数出土している。一方、一定の用途のために特定の形態に加工された木製品はほとんどが前期の所産である。

これら木製品については、考古学者の山田昌久《まさひさ》氏や網谷克彦氏によって器種分類や製作方法の研究がおこなわれている。また、植物学者の嶋倉巳三郎《みさぶろう》氏、鈴木三男氏、能城修一氏による樹種同定もあわせて、森林資源に熟知した鳥浜縄文人の姿が明らかとなってきた。

多量の石斧柄未成品が意味すること

木製品のなかで後述の弓・尖棒《とがりぼう》とならんで圧倒的に多い器種が、樹木の伐採や加工に用いる磨製石斧を装着するための石斧柄《せきふえ》である（図30）。二〇〇点以上出土している。

石斧柄には真っ直ぐな棒の先に装着孔をうがった「直柄《なおえ》」と、持ち手となる部分と石斧を装着する部分が鋭角をなす「膝柄《ひざえ》」があるが、鳥浜貝塚から出土したのはすべて「膝柄」である。木の幹と枝の又を巧みに利用して製作したもので、幹の部分を石斧装着のための「台部」、枝の部分を手で保持する「握り部」に加工する。

台部には磨製石斧を差し込むソケットをくり込むほか、縄などで緊縛して固定するのに効果的な段を削りだす。この段は時間とともに装飾的なものに変化するようだ。台部の形状とソケットのくり込み方から、装着した斧身の刃が柄と平行になる縦斧用と直交する横斧用があり、前者が圧倒的に多い。縦斧は立木の伐採、横斧は伐採した木材の加工に用いられたと考えられているから、両者の量比は消耗度の差によるのかもしれない。

ところで、出土した石斧柄の七割以上は製作途上の未成品である。金属器のない縄文時代には、木の加工はもっぱら石器が用いられたわけだが、乾燥した木材を石製の刃物で加工するのは容易でない。そのため、伐採後、加工までにしばらく時間をおく場合は、水漬けにして木を柔らかく保つ必要があったと考えられる。また、水漬けには乾燥時の収縮によるひび割れを防ぐほか、木の内部に巣食う虫を殺し、樹脂をぬいて加工を容易にする効果もあるという。また、火にかけて焦がしてから削ったり磨いたりすることも、石製工具による加工を助ける工夫であり、縄文時代の木製品に特徴的な加工手法である。

このように石斧柄の未成品を多量にストックしたとすると、その理由はなんだろうか。山田昌久氏は、通説のように用材の伐採時期が決まっていたと仮定して、

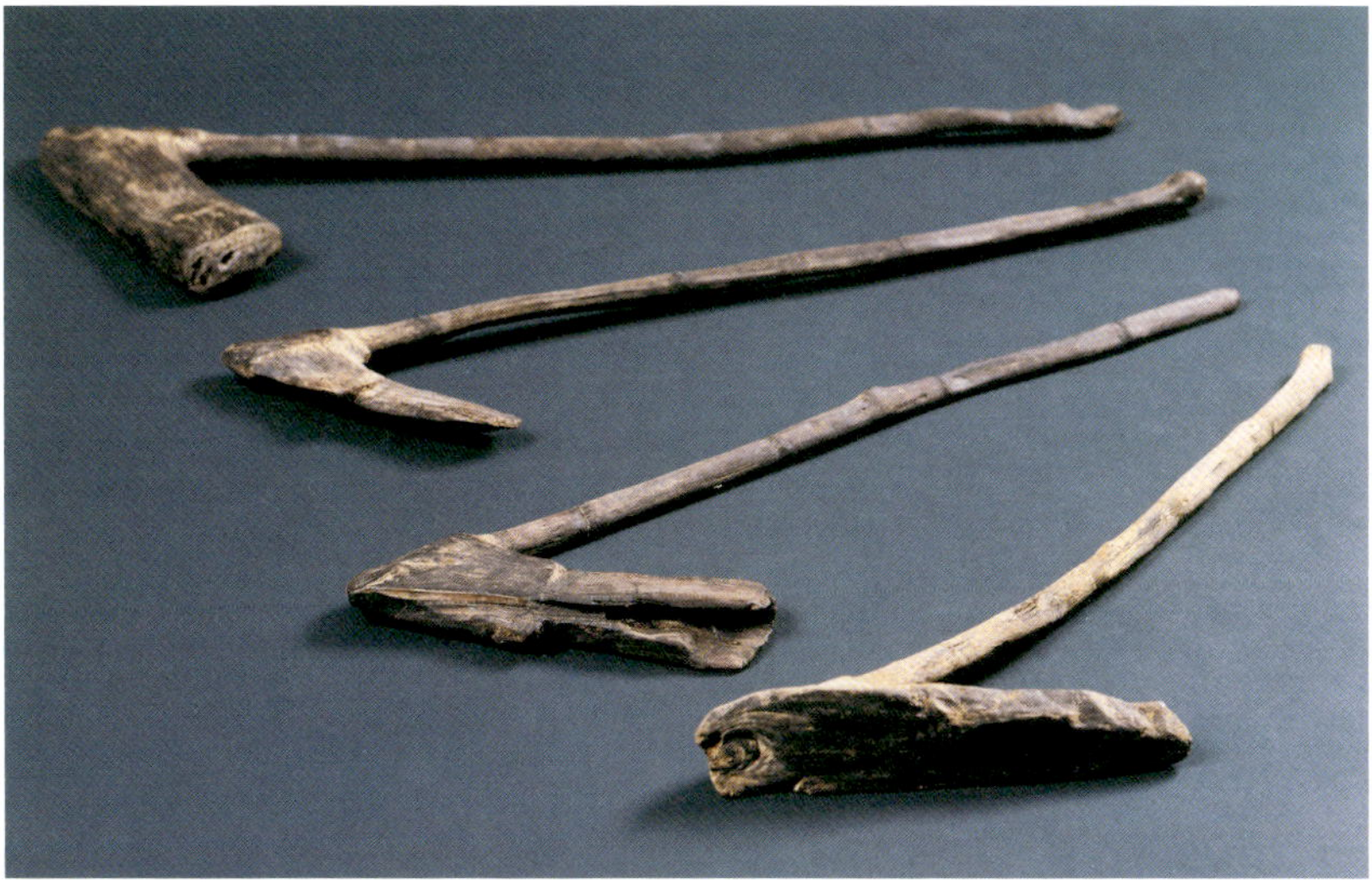

図30 ● 鳥浜貝塚出土の石斧柄
中央の2つが縦斧柄の完成品。奥は縦斧柄の未成品、手前は横斧柄の未成品である（手前：長さ57.0cm）。

その後の一年間で消費する量をあらかじめ確保しておく必要があったとする。そして、石斧柄の製作には時間がかかることから、途中までつくっておいて貯蔵し、必要に応じて随時とりだして完成させていたと想定している。鳥浜貝塚から出土した石斧柄のようなくりぬきのソケットは、木に打ちつけた衝撃によって破損しやすく、部分的な交換もきかない。そのため、石斧柄ひとつひとつは長期の使用に耐えず、多数の未成品が準備されたものと推測している。

石斧柄用材の伐採時期については、鈴木三男・能城修一氏により興味深い事実が明らかとされた。樹皮を残す未成品の最外年輪の形成状況を調べたところ、多くは春〜初秋にかけて伐採されていたのである。用材として樹木の伐採季節は常識的に秋〜冬と考えられていたから、これは意外な結果であった。この伐採時期が用材全般にあてはまるかどうかは、ほかの樹皮付き資料の分析を待つ必要があるが、網谷克彦氏は伐採に用いる斧柄だけに本格的な伐採活動の前に製作された可能性も指摘している。

石斧柄に使用されている樹種は、縦斧用ではユズリハ属が、横斧用ではクマノミズキが多い。ユズリハ属はたわみやすく折れにくいとされ、しなりに重点を置いた樹種選択といえる。逆にクマノミズキはたわみにくい素材であり、使用法のちがいによって樹種を使い分けていたと考えられる。

弓と尖棒

縄文時代に用いられた狩猟具として第一にあげられるのは弓矢だろう。鳥浜貝塚では数千点におよぶ石鏃が出土していることから、弓矢猟が盛んにおこなわれたことはまちがいない。その石鏃を装着した矢を飛ばす道具が弓であるが、じつは鳥浜貝塚で確実に弓といえる出土遺物はさほど多くない。

そのひとつは、弓の幹に樹皮を巻いたものや赤色漆を塗布したもの、いわゆる飾り弓である（図31）。樹皮巻きのものが三点、赤色漆塗りのものが二点、樹皮を巻いた上に赤色漆を塗ったもの二点の総計七点出土している。

これらのうち端部が遺存するものでは、削りだした隆帯や細い樹皮を何重にも巻いてつくった瘤《こぶ》など、かけた弦がずれないようにする弓筈《ゆはず》の加工を観察でき、実用品かどうかはともかく弓であることは疑いない。

興味深いのは、いずれも樹木の中心をはずして削りだした心去り材を用いている点であり、その労力を考えると相当重要な意味があったと想像される。樹種が明らかなものはすべてニシキギ属であった。ニシキギ属の一種であるマユミは「真

図31 ● 鳥浜貝塚出土の飾り弓
右と中央が樹皮巻き、左が赤色漆塗りのもの。中央の弓筈は樹皮を巻いてつくっている（左：長さ48.5㎝）。

弓」と表記されるように、古来日本で弓の材料に用いられた樹木である。

では、「素木弓《そぼく》」とか「丸木弓」とよばれる、一般的な狩猟用の弓はどのようなものだろうか。山田昌久氏は、第三・四次調査の報告書において、端部を削ったり焦がしたりした三〇点あまりの細長い丸木を素木弓と認定して報告している。ただし、この時点では全体を確認できる個体は出土していない。

一方、網谷克彦氏は、第五次調査以降に多く出土した完形資料を検討した結果、細長い棒材の端部を削って尖らせたものを「弓・尖棒」と総称し、約一八〇点識別した（図32）。そして、両端を尖らせたもの、片端を扁平に加工したもの、および前述の飾り弓に分類し、片端が扁平なものは弓ではなく尖棒とした。

そうなると素木弓の候補は両端を尖らせたもので一三点になり、網谷氏は、なかでも飾

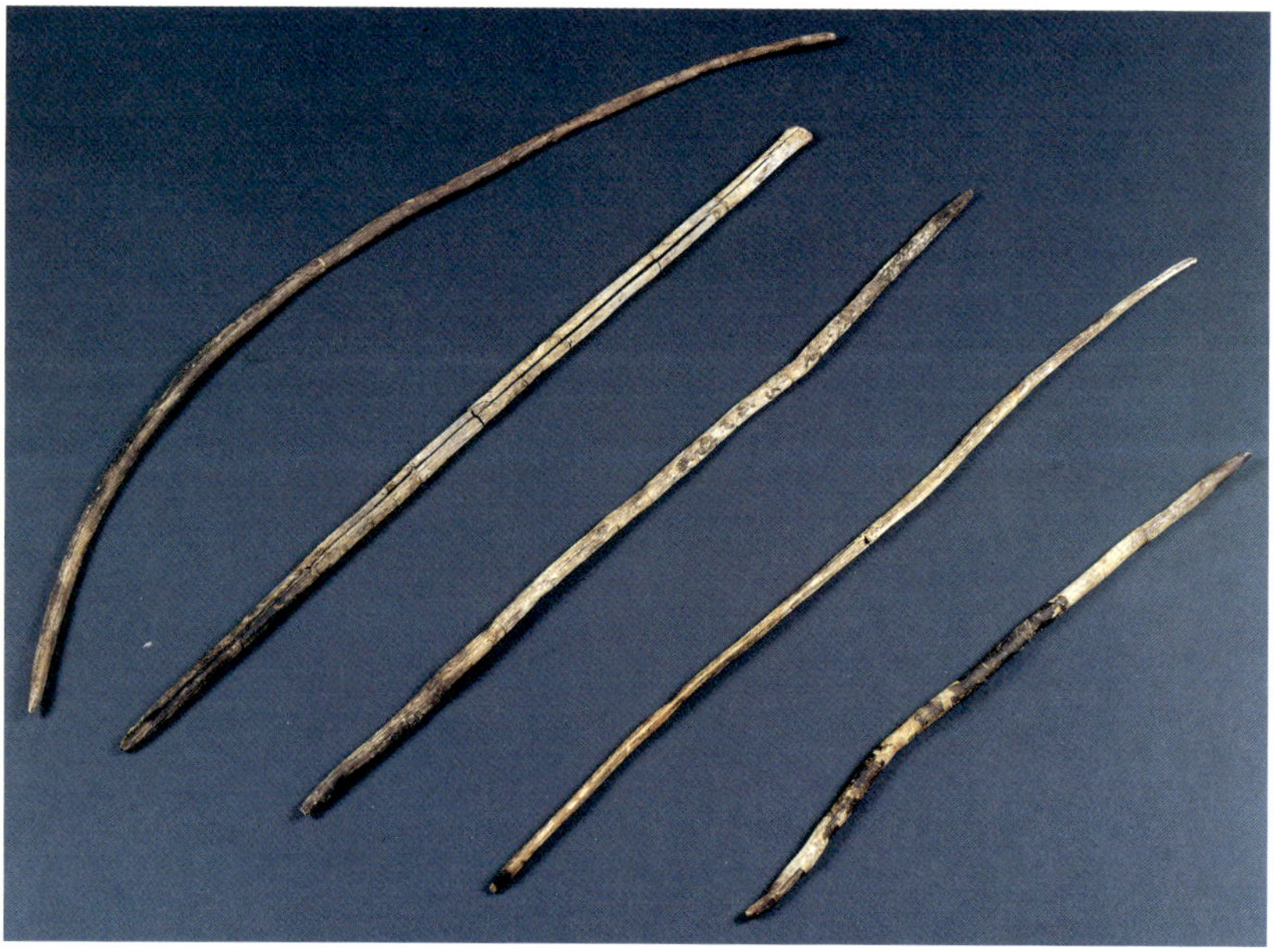

図32 ● 鳥浜貝塚出土の弓・尖棒
左上は長さが120cmを超え、弓とよぶにふさわしい形状である。ニシキギ属の心去り材を用いている。右下は同じく両端の尖る形態だが、心持ち材で樹皮を残すなど尖棒の特徴をもつ。ムクロジ製。

り弓と同じくニシキギ属の心去り材を用いた五点のみを弓とした。全長一五〇センチを超えるものが三点、一〇〇～一三〇センチのものが二点である。

網谷氏が両端の尖る形態のなかでも弓を限定的にとらえる理由は、前述したように前期後半のうちでも北白川下層Ⅱｂ・ｃ式期に石鏃が圧倒的に多くなるにもかかわらず、この類がほぼ消失し、片端の扁平な尖棒ばかりになってしまうことによる。つまり、両端の尖る形態のものをすべて弓とすると、弓とセットとなる石鏃の出土量が少ないため、それは認めがたい。したがって、弓を少なく見積もることにより、集落外で使用されることの多い弓は、もとより集落近くには廃棄されなかったと想定するのである。形態分類に使用樹種や製作方法の情報を加え、その時期的変化から導きだされた見解には説得力がある。

丸木舟

丸木舟も鳥浜貝塚から出土した木製品の代表的なものである。縄文時代前期に属す一艘（一号丸木舟、**図33**）と後期に属す一艘（二号丸木舟）の計二艘が出土している。使用樹種はいずれもスギである。

一号丸木舟は前期後半の包含層から出土した。現存長約六メートル。船首を欠損するがその程度は小さく、復元全長は七メートルを超えないものと推測される。最大幅は船尾付近で約六〇センチあり、船首にむかってしだいに細くなる形をしている。最大内深は約二〇センチと浅く、船体の厚さは四センチで、全体的に均一に加工されている。船尾端には一対の突起をもつ。表面全体はていねいに磨かれ、石器による加工痕は残っていないが、船底内面に四カ所の焦げ跡が認められ、火で焦しながら削りや磨きなどの作業がおこなわれたことは明白である。

二号丸木舟は欠損が著しく、ほぼ船底のみ遺存する。前期末以降の土層から出土し、後に放射性炭素年代測定により縄文時代後期の所産と判明した。船底内面の船尾付近と中央部に横帯を削りだしており、これは隣接するユリ遺跡で出土した後期の丸木舟とも共通する。

これら鳥浜貝塚で出土した丸木舟は、遺跡の立地からすればおもに湖沼や河川で使用されたことはまちがいないだろう。もちろん、時には海まで漕ぎだしていったことも、海産の魚介類が出土していることから十分考えられる。なお、外海で航行したことが確実視される丸木舟の一例として、同じく若狭湾沿岸地域にある京都府舞鶴市の浦入《うらにゅう》遺跡で出土した前期中葉のものがある。形状は鳥浜貝塚一号丸木舟と似ているが、サイズはかなり大きいようだ。

ところで網谷克彦氏は、鳥浜貝塚出土丸木舟とユリ遺跡で出土した後期〜晩期の丸木舟とを比較し、横断面が円弧状をなす前期の形態から、後期はじめには船底外面を平坦加工するよう

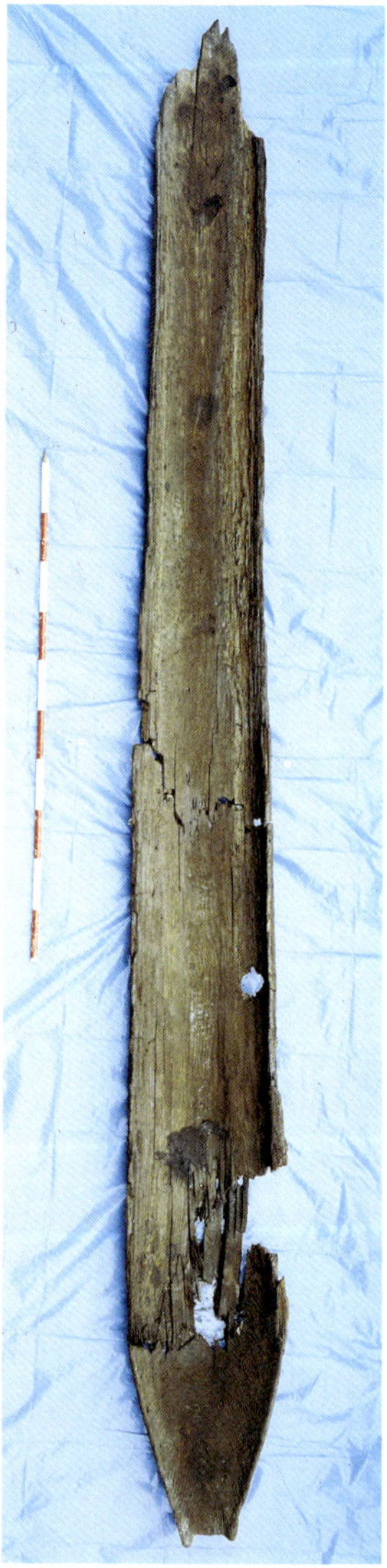
図33 ● 鳥浜貝塚出土の1号丸木舟
上が船首側、下が船尾。船尾近くの鋼矢板に切断された跡が痛々しい。その上にみられる丸い穴も後世のボーリングによるものである。

になり、晩期にかけて船底内面も平坦に加工した箱形の横断面に移行することを指摘した。
それは機能的に広範囲を高速に移動することに適した形状から、狭い範囲で安定した作業をおこなうことに適した形状に変化したことを示すとし、その背景として、古三方湖の沖積化にともない、使用環境が湖沼から沼沢・湿地へ変わったことがあると推測している。

櫂

丸木舟を漕ぐための櫂（オール）は未成品もあわせて六〇点以上出土している（**図34**）。完成品の全長は一二〇〜一五〇センチだが、未成品をみると一八〇センチ前後のものも存在したようだ。柄には羽子板形や「8」字形などに削りだされた柄頭をもち、時期的な形態の変化がとらえられている。

使用樹種はヤマグワ（約五割）とケヤキ（約二割）が主要なもので、ほかにスギ、ムクロジ、ケンポナシ

図34● 鳥浜貝塚出土の櫂・櫂状木器
左上は櫂の未成品。右下は水かき相当部が短く全長も短いことから、叩き具や掘り具と推測されている（右下：長さ90.5cm）。

属などがみられる。なかでもヤマグワは櫂のみに認められる用材であり、前期後半に急増している。このことは、同期以降、一方のケヤキが容器類に多く用いられるようになることと関係があるのかもしれない。

容器

容器類は一二〇点以上出土した。皿（盆）・鉢・椀・片口・筒形三足器があり、皿（盆）が約七〇パーセントを占めもっとも多く、ついで筒形三足器・鉢・椀・片口とつづく（図35）。

皿・鉢・椀は口縁に装飾的な突起をもつものや底に高台をもつものがあるなど、個々の器形は多様である。縄文時代の製作方法は木材をくりぬいてつくる、いわゆる刳物《くりもの》に限られるが、なかには石製工具だけでつくったとは思えないような形状のものもあり、その加工技術の高さがうかがえる。刳物の木取りには樹木を縦方向にくりぬく縦木取りと、横方向にくりぬく横木取りがあるが、筒形三足器などの特殊な形態のものを除けば、すべて横木取りで製作され、皿のなかには長径が五〇センチを超えるものもある。また、多くには漆塗装が施される。特異な事例として口縁端部に径四〜五ミリの小石を漆で接着し、あたかも細かい刻みを施したかのように仕上げたものもある。

筒形三足器は鳥浜貝塚以外にほとんど類例をみない器種で、その形には二種類ある。ひとつは身が比較的細く丸底で、底の中央部に三又に分かれる脚をもつもの、もうひとつは平底の桶のような身で、底面の外周に沿って三角形の脚を三個もつものである。両者とも縦木取りで製作されている。前者には手の入らないくらい細く深いものもあり、どのように彫り進めたのか気になるところだ。底に焦げ痕を残すものがあることから、火で焦がしながらの作業があったことはまちがいない。

片口には、横木取りの皿もしくは鉢の一部に注ぎ口を削りだしたものと、木の幹に生じる瘤や根材を利用して製作されたものがある。前者は漆塗装が施されるが、後者には施されない。

木製容器の使用樹種についてみると、器種によって優占的に使用される樹種はやや異なるが、全体としてはトチノキ、ケンポナシ属、ケヤキ、クリが多

①筒形三足器（高さ 25.0 cm）

②高台付鉢（高さ 12.7 cm）

③椀（高さ 7.2 cm）

⑤桶形容器
（長さ 33.0 cm）

④鉢（長径 40.0 cm）

図35 • 鳥浜貝塚出土の木製容器
木製容器には製作途上の未成品がほとんどみられない。石斧柄や櫂とは製作システムが異なっていた可能性がある。

い。なかでもトチノキとケンポナシ属は皿、ケヤキは鉢・椀で利用率の高さが目立つ。ほかの器種も含めこれらの樹種を利用した個体には漆塗装されたものが多いが、対照的に、筒形三足器で多用されるクリを用いた個体には漆塗装がまったく認められない。漆塗装は装飾以外に防腐・防虫を目的にしたと考えられ、クリ材は腐朽しにくい性質をもつことから、漆塗装が施されなかったのかもしれない。

さまざまな木製品

鳥浜貝塚ではほかにもさまざまな形態の木製品が出土している。それらは実用的な道具とみられるものもあれば、装身具や用途不明のものまで多岐にわたる。その一部を紹介しよう。

図36は、鳥浜貝塚のシンボルといえる有名な飾り櫛である。刻歯《こくし》式《しき》竪櫛《たてぐし》とよばれるもので、全体を一つの板目材から削りだし、九本の歯は木目を利用して作出している。上端には一対の突起があり、鹿角をイメージしたのではないかともいわれる。表面を入念に磨き、赤色漆を塗って仕上げている。ヤブツバキ製である。

図36 ● 鳥浜貝塚出土の赤色漆塗刻歯式竪櫛
右端に根元から歯の折れた痕跡がある。上端の突起は、シカの角が春先に抜け落ちた後、新たに生えてくる袋角によく似ている。再生の願いが込められているのだろうか（残存高8.9cm）。

なお近年、漆文化研究者の四《よつ》柳嘉章《やなぎかしょう》氏が、鳥浜貝塚の出土遺物のなかから一本一本の櫛歯を緊縛してつくる結歯《けっし》式竪櫛を発見した。縄文時代の櫛としてはむしろこちらの方が一般的なのだが、本例の表面には象嵌《ぞうがん》の痕跡があり、縄文時代の櫛としては初例だという。

図37①は小型弓とよばれるものである。細く短い丸木の両端を瘤状に加工したもので、長さは三〇センチ前後。両端以外は枝を払って樹皮を剥いだ程度の加工にとどまる。ほぼイヌガヤ製で、一般的に穴を空けたり火をおこすのための弓錐に用いたと考えられている。

図37②は掬《すく》い具とよばれるもの

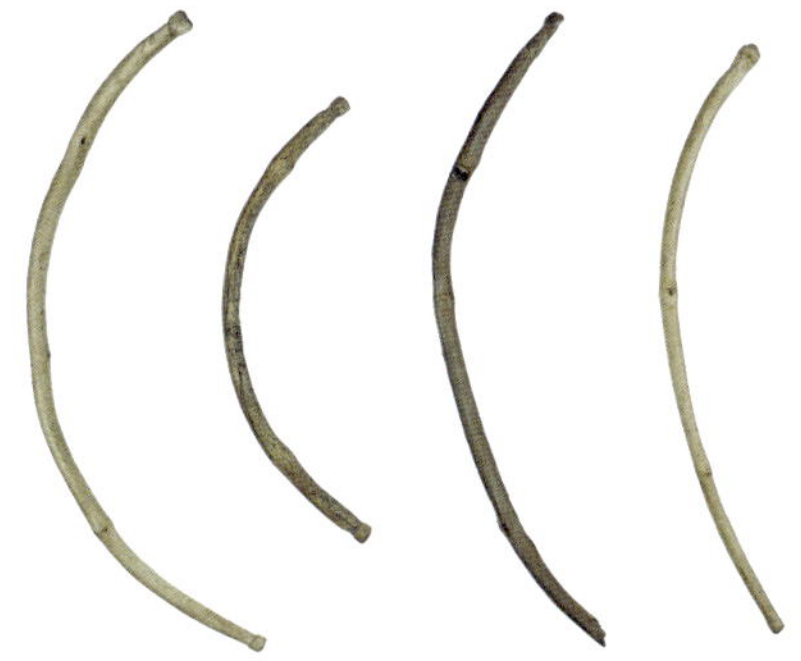
①小型弓（右：長さ 32.0 cm）

②掬い具（左：長さ 55.0 cm）

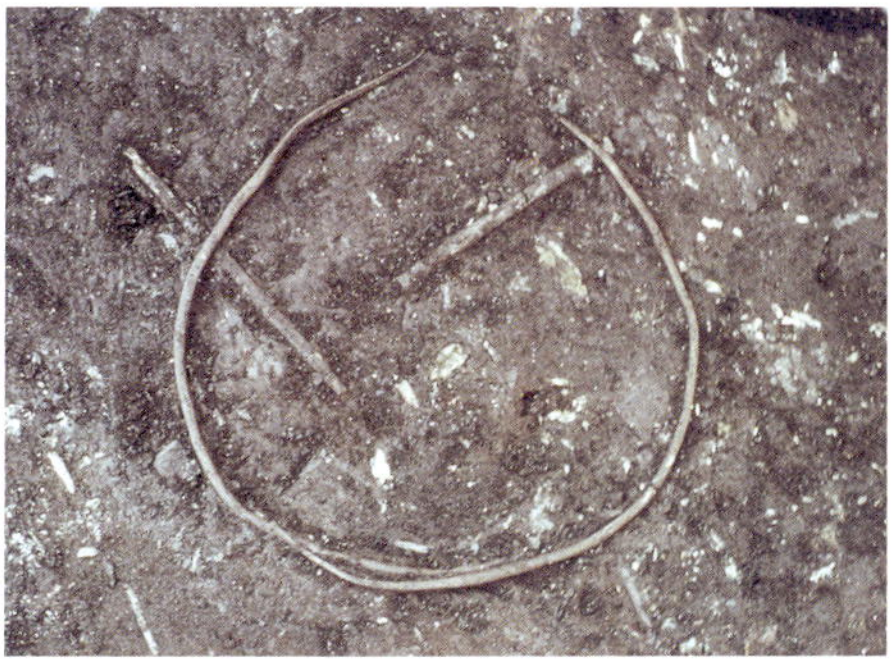
③木製の輪（径 70.0 cm）

④槌状木製品（長さ 48.0 cm）

図37 ● 鳥浜貝塚出土のさまざまな木製品
小型弓は長期間弦で固定されたためか、いずれも写真のように強く湾曲して出土している。掬い具のうち、左の角スコップ形のものは成形途中の未成品である。

で、スプーンやしゃもじ、角スコップに似たものが四例ある。スギ、ヒノキ、ヤブツバキ、サクラ属と樹種はさまざまである。

図37③は木製の輪で、両端を薄く削りだした心持ちの枝をたわめて端部同士を結び、環状にして用いたと考えられる。一八例あり、半円形の二本が組みあわさって出土した例もある。タモ（手網）の枠の可能性があるが、確証はない。ほぼイヌガヤ製である。

図37④は野球のバットのような形をした木製品で、植物の繊維を叩いて柔らかくする道具と想定されてきた。それに対し名久井文明氏は、側面よりむしろ先端部に顕著な使用痕跡がみられるとして、ドングリなどを搗《つ》く竪杵《たてぎね》と考えている。ヤブツバキ製である。

そのほかヤス状（ノリウツギ製）、杖状（ヤブツバキ製）などさまざまな形状の木製品があり、どのように使用されたのか不明のものも多い。装飾品の一種とも推測される撥《ばち》形の漆塗製品（**図38**）は、表裏に突線を削りだすなど複雑な意匠を施し、撥状に開く部分を形の保てるおそらくぎりぎりの厚さまで大きくくりぬいている。縄文時代の木工造形技術の極致ともいえる逸品である。

かつて縄文時代とは、もっぱら土器の文化と考えられてきたが、鳥浜貝塚の調査で縄文時代に多彩な木製品、そして高度な木工技術の存在が判明し、縄文時代は木の文化でもあるという認識がもたらされたのである。

図38 ● 鳥浜貝塚出土の撥形の漆塗製品
精巧なつくりにもかかわらず用途不明のため、関係者のあいだで「なんともいえぬ漆器」とよばれた（長さ17.7㎝）。

「適材適所」の実状

これまでみてきたように、鳥浜貝塚出土木製品の樹種同定では、特定の器種に対して特定の樹種が優占的に利用されていることが明らかとされている。具体的な樹種についてはすでにいくつか紹介したが、全体の傾向として、各器種とその優占樹種はほぼ一対一に対応しており、なおかつ一つの樹種が同時期に複数器種の優占種とならないことが指摘されている。

縄文時代前期の鳥浜周辺には、落葉樹や針葉樹の混交した照葉樹林が広がっており、前期の鳥浜縄文人は、その豊かな樹種で構成される森林を背景として、使用樹種を広く選択していたようだ。ただし、特定樹種を偏重しない様子からは、たんに機能面での適材選択だけでなく、何かしらの社会的な規範が存在した可能性も想定されている。そのことは、たとえば、石斧柄にユズリハ属を用いるのは鳥浜貝塚の例がほぼ唯一であることや、丸木弓の素材として一般的なイヌガヤが、鳥浜貝塚では丸木弓に利用されず、小型弓や輪の優占樹種となっていることなどに関係するのかもしれない。

4　姿をあらわした縄と編物の世界

縄文の「縄」の世界が明らかに

木製品とともに鳥浜貝塚を特徴づけている遺物が縄と編物である。ここでは糸・紐・縄・綱を一括して「縄」とよぶ。素材は植物の蔓や茎で、細かい繊維を束ねてこよりにしたものや、二～五本をよりあわせて一本の縄にしているものもある。三つ編みのように組んだものもみられる（図39）。

草創期の包含層からは直径二～三ミリほどの細い糸が出土しており、素材について繊維文化史研究者の布目順郎《ぬのめじゅんろう》氏は大麻もしくは大麻様と同定している。前期の包含層では、同様の細い糸から直径五センチにおよぶような太い綱まで出土し、鳥浜縄文人がおそらくは用途に応じてさまざまな縄をつくり分けていたことがわかってきた。

確実な使用状況を示す出土例としては土器の補修孔に残った紐をあげうるにすぎないが、毛皮などを綴じて衣類をつくったり、石器や骨角器を柄にとりつけたり、住居の上屋部材を組み立てる際に縛って固定したりと、日常生活のさまざまな局面で利用されたことだろう。素材には大麻のほかにイラクサ科のアカソ様やタヌキラン様と同定されたものがある。

ところで、縄文土器とは、縄（撚紐）を回転させて文様を施した土器の総称であるが、鳥浜貝塚での各種の縄の発見で、縄文の縄の実態がはじめて明らかとなった。

①三つ編みの縄
（長さ20.0cm）

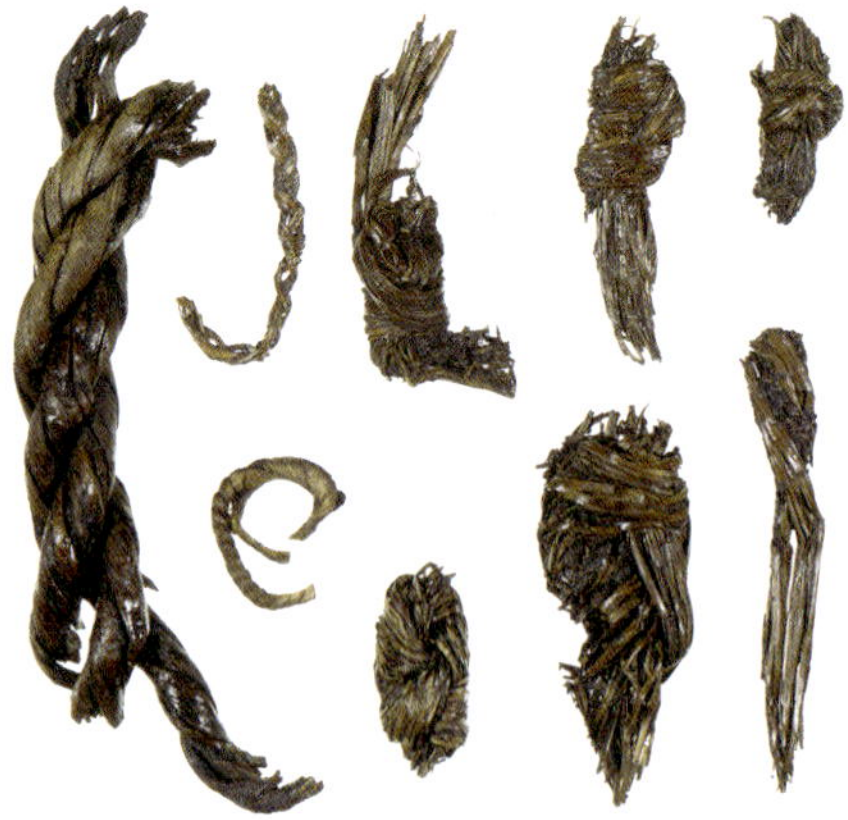

②各種の縄（左：長さ20.0cm）

図39 ● 鳥浜貝塚出土の縄
写真②の右側6点は茎状の原体を束ねて結んだもの。

多彩な編物の世界

鳥浜貝塚で出土した編物はすべて前期に属し、いわゆるもじり編み（一本一本の横糸を二本の縦糸ではさみ込むように絡める編み方、**図40上**）と網代編み（縦材と横材を相互に上下させる編み方、**図40下**）の両者が認められる。全体のわかる資料はみつかっていないが、敷物やカゴ、漁網などが想定されている。カゴの把手とみられるものも出土している。素材としては大麻やヒノキが同定されている。

また、アンギン様編物とよばれる資料（**図41**）は、その呼称が示すように衣類と推測され、素材はアカソと同定された。発見時にはまだ弾力があり、毛糸の編物のような手触りであったという。

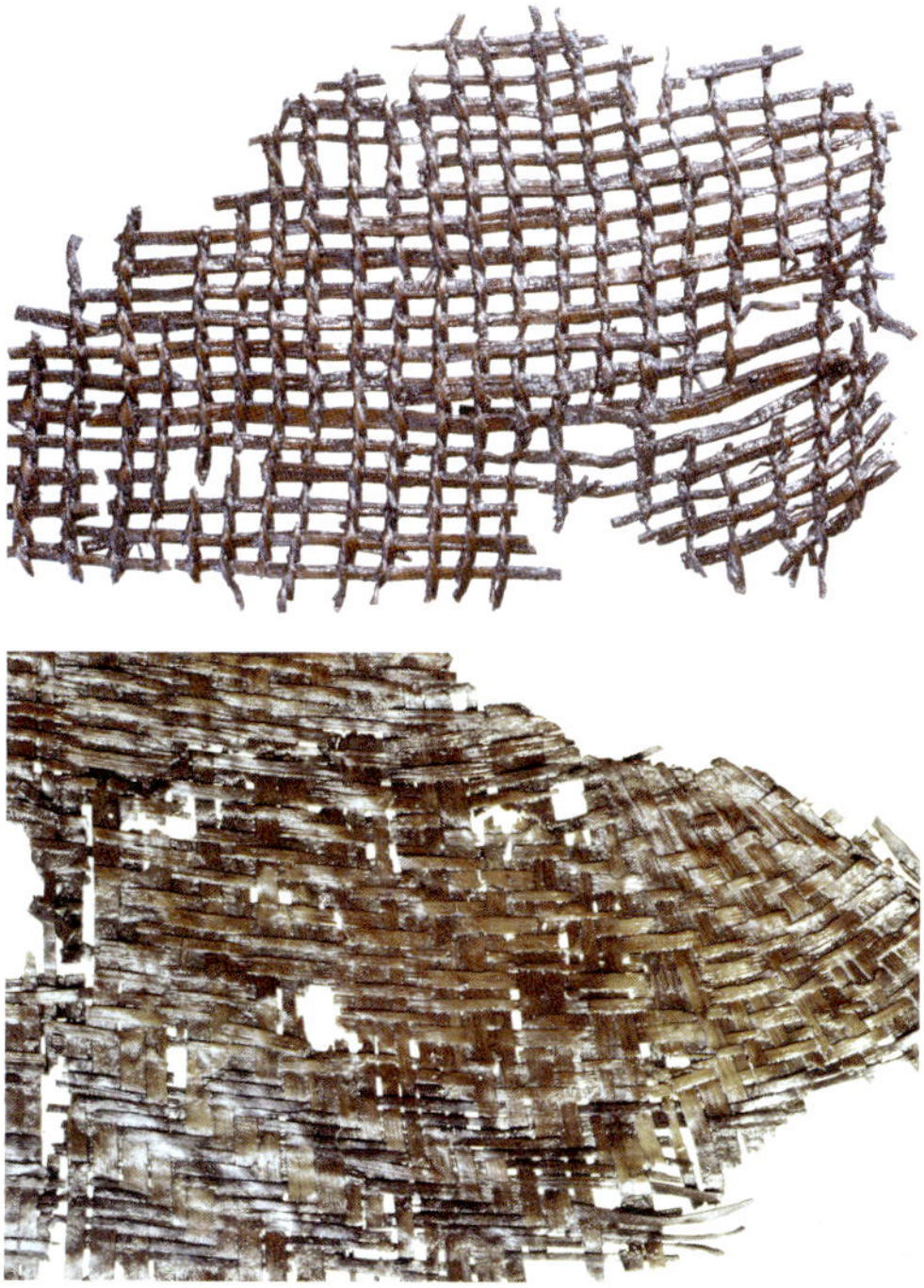

図40 ● 鳥浜貝塚出土のもじり編み（上）**と網代編み**（下）
下の網代編みは、黒っぽい原体を編み込んで文様を表現している。

図41 ● 鳥浜貝塚出土のアンギン様編物
「アンギン」とは新潟県の魚沼・頸城地方において、明治初年ごろまで盛んにつくられた衣類で、素材にはやはりアカソが多用された。

5　骨角器と装身具

実用的な道具類

鳥浜貝塚では一五〇〇点以上にのぼる骨角牙貝製品が出土している。ほとんどは前期に属するものである。実用品と装身具に分けてみていこう。

実用品とみなせるものには、単純な形状の刺突具や骨針、鹿角斧などがある。

両端あるいは片端を尖らせただけの単純な形状の刺突具はもっとも多く、全体の八割を占める（**図42**）。シカの中手骨・中足骨が多く用いられている。なかでも両端を尖らせるものは刺突漁に用いられたヤスと想定されており、木製柄の一部を残すものが二例ある。

刺突具の形態を詳細に検討した石川県埋蔵文化財センターの山川史子氏は、両端の尖る刺突具のうち、前期初頭から前半には細身のものが

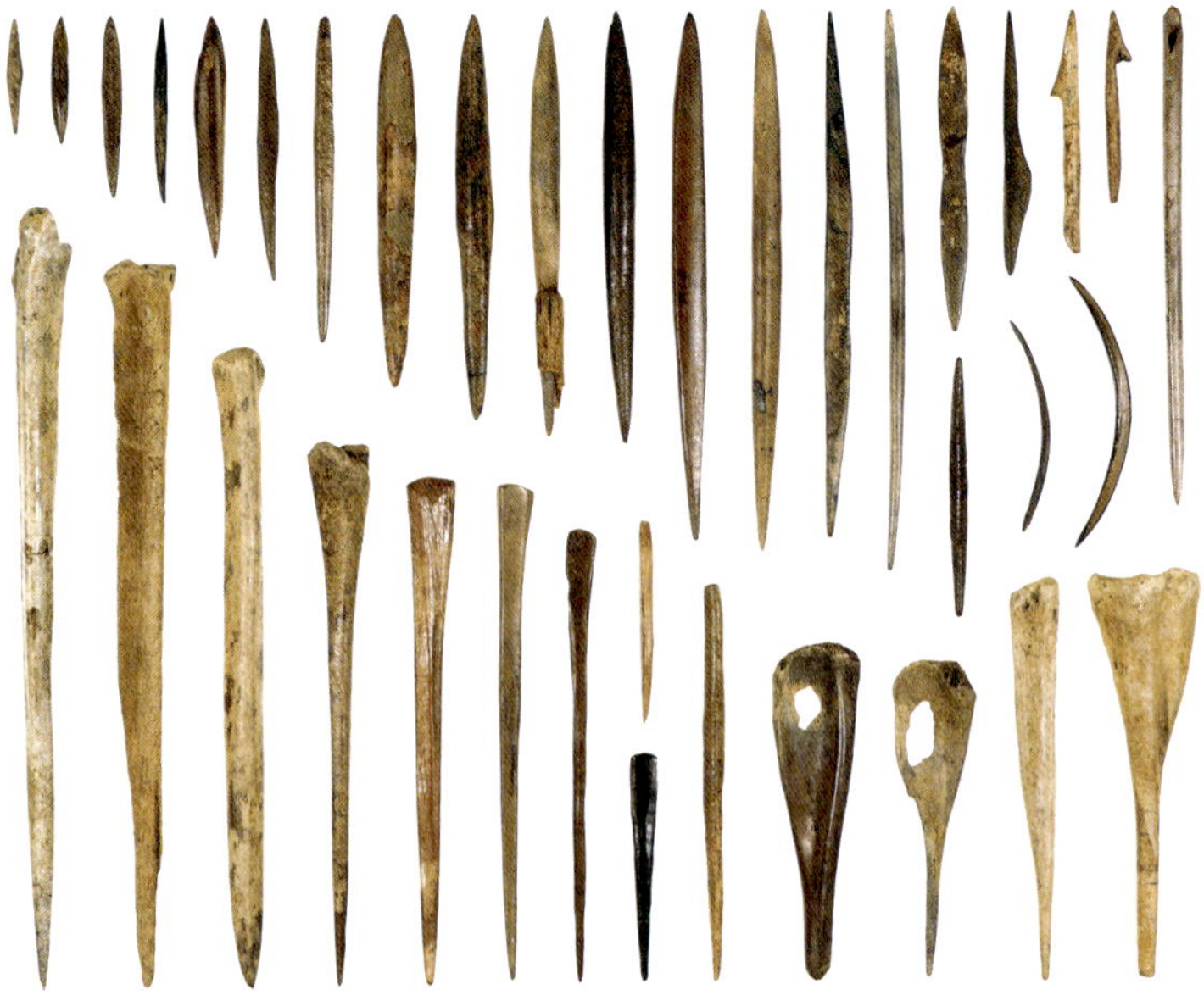

図42 ● 鳥浜貝塚出土の骨角製刺突具
上段左から10番目のヤス状刺突具に木製柄の一部が残る（左下：長さ19.1cm）。

大半を占め、前期後半になると太身のものが多くなることを明らかにした。そして、前述した石錘の減少傾向を考えあわせ、漁法に変化が生じた可能性を支持した。一方で、両端の尖る刺突具のすべてが漁労具とはいえないとし、出土量を漁労活動の活発さに結びつけることには慎重な姿勢を示している。

なお、縄文時代の代表的な漁労具として釣針があるが、鳥浜貝塚ではこれまで逆T字形釣針とよばれるものや、結合式釣針とみられる例がわずかに認められるものの、各地でみられる「し」字形をなす小型の釣針は出土していない。

骨針は刺突具の片端に糸を通すための孔をもち、全体をていねいに整形・研磨した精巧なつくりのもので、毛皮や編物を綴じるのに用いられたと想定される。孔は径二〜四ミリの円形が基本であるが、糸を通す工夫なのか細長くあけられたものもある（**図43**）。

鹿角斧は、鹿角の第一枝先端を磨いて蛤刃状の刃部とし、第二枝付近で切断した角幹を握り部とする鉤形の道具である。角座部分を磨いて丸くしたものと落角したそのままの状態のものがある。アイヌの民族資料に類例があり、土掘り具と考えられている。

図43 ● 鳥浜貝塚出土の骨針
左端の大型品の頭部は素材骨端の形状を残している（左端：長さ18.4cm）。

装身具・威儀具

装身具や威儀具と考えられる製品には髪飾り、垂飾、貝輪、刀剣・儀仗様の骨角製品などがある（図44・45）。形態や素材は多様であって、一概に分類できないものも多い。

髪飾りとするのは、ほとんどがカンザシやヘアピンのような髪針である。片端のみが尖り、全体が整形・研磨される点では骨針と類似するが、尖らせない方の端部に溝を刻むなど装飾的な加工が施される。長さは数センチのものから二〇センチ近いものがある。また、骨製の髪飾りとしてはそのほかに櫛の未成品が一点出土している。擦り切り手法で櫛歯をつくる途中に放棄されたものである。

ペンダントなどの垂飾は形状に応じて魚類を含む多種の動物の骨や歯牙を素材としている。クマやサメといった獰猛な動物の歯牙を用いた例などは、熟練した狩猟者が威信財として身に

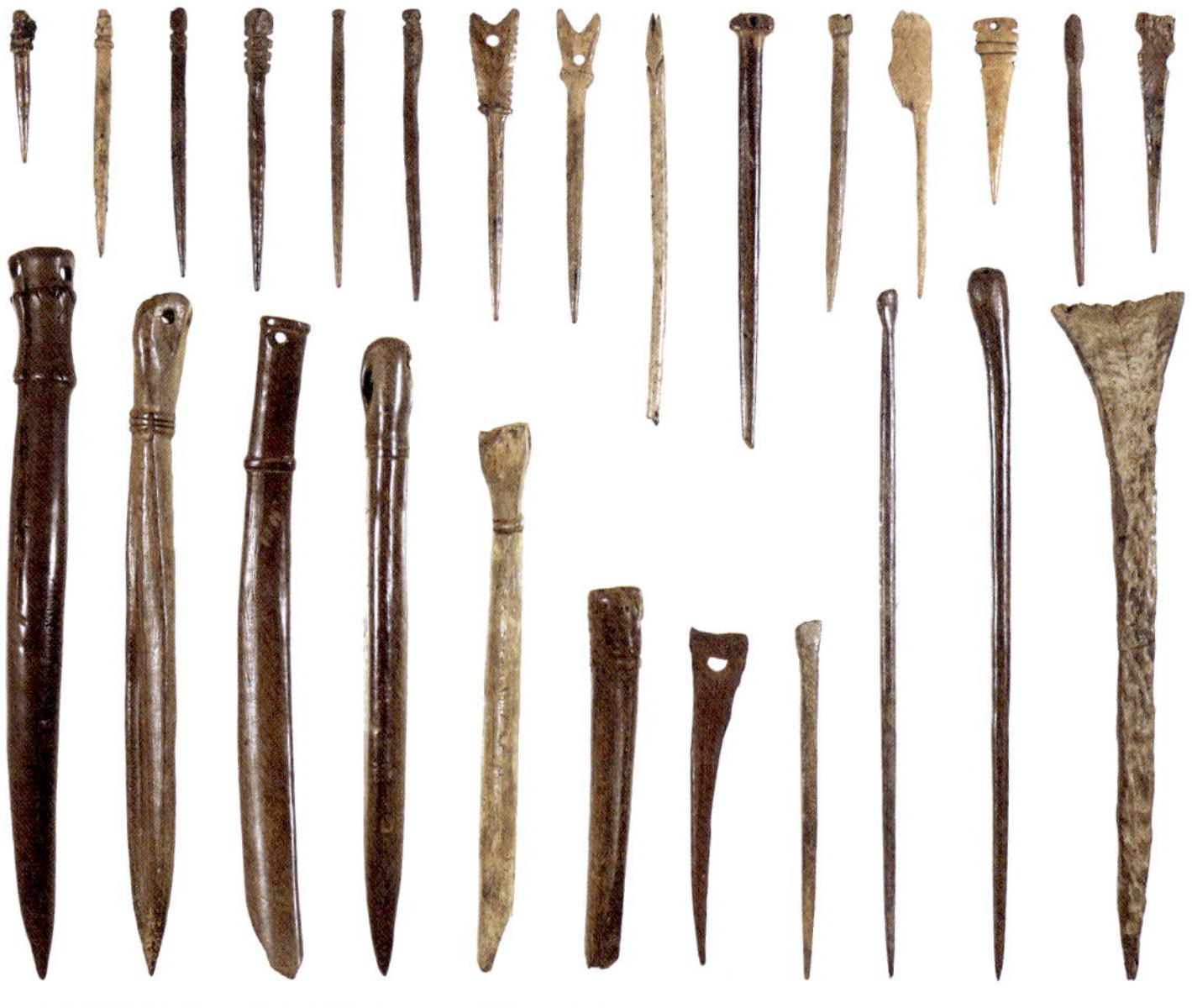

図44 ● 鳥浜貝塚出土の骨角製装身具・威儀具（1）
上段および下段右側の細いものが髪針、下段左側の太いものが刀剣・儀仗様の製品。頭部に孔のあるものは紐をとおして垂飾にしたのかもしれない（右下：長さ17.0㎝）。

着けたのかもしれない。

ブレスレットと想定される貝輪は、二枚貝の貝殻中央部をくりぬいて環状につくるものであるが、鳥浜貝塚出土品はすべて欠損しており環をとどめる例はない。貝種は海産のベンケイガイが多く用いられているようである。ベンケイガイは全国的に貝輪の素材に多用される貝種であり、そのために採捕されたとも考えられている。

刀剣・儀仗様の骨角製品は、突帯や線刻、段状加工によって身と柄を表現したような骨角器である。形態的には髪針に類似するものの、より大型のものが多く、頭部への着装には不向きだろう。威信財あるいは儀礼のアイテムだったのだろうか。前期後半に多く出土している。

鳥浜貝塚が発掘調査されるまでは、縄文時代といえば暗くて、みすぼらしいというイメージ

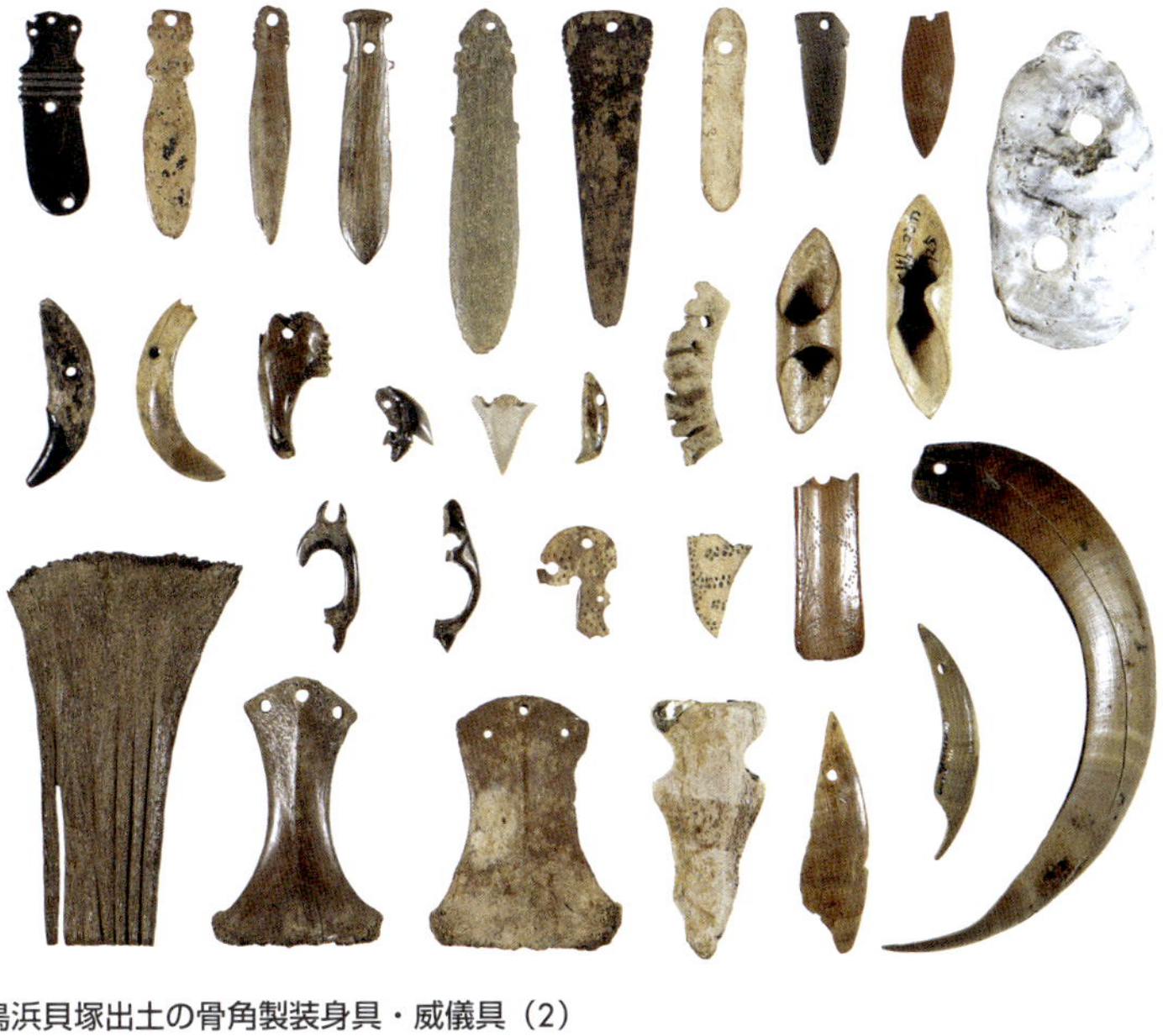

図45 ● 鳥浜貝塚出土の骨角製装身具・威儀具（2）
おもに垂飾とみられるもので、剣のような形状の製品もある。
左下は櫛の未成品（左下：長さ9.9cm）。

が一般的であった。

なぜなら、通常の縄文時代の遺跡で目にする多くは、無機質の土器や石器、地面を掘りくぼめただけの竪穴住居跡といった、茶色や灰色、黒色と色彩に乏しく、質感の冷たいものであり、まさに見栄えのしない印象しかもてなかったからである。

ところが、低湿地性貝塚である鳥浜貝塚からは、縄文時代、それも前期という早い段階に属す、丸木舟のような大型品をはじめ、櫂、石斧柄、弓、容器、櫛などの木製品、縄や編物など繊維製品、刺突具や装身具などの骨角器といった有機質の遺物が豊富に出土したのである。さらに、木製品だけでなく、土器にも漆が塗られるなど、その洗練された技術や色彩感覚は、縄文時代の暗くてみすぼらしいというイメージを一変させるのに大きな役割をはたしたのである。

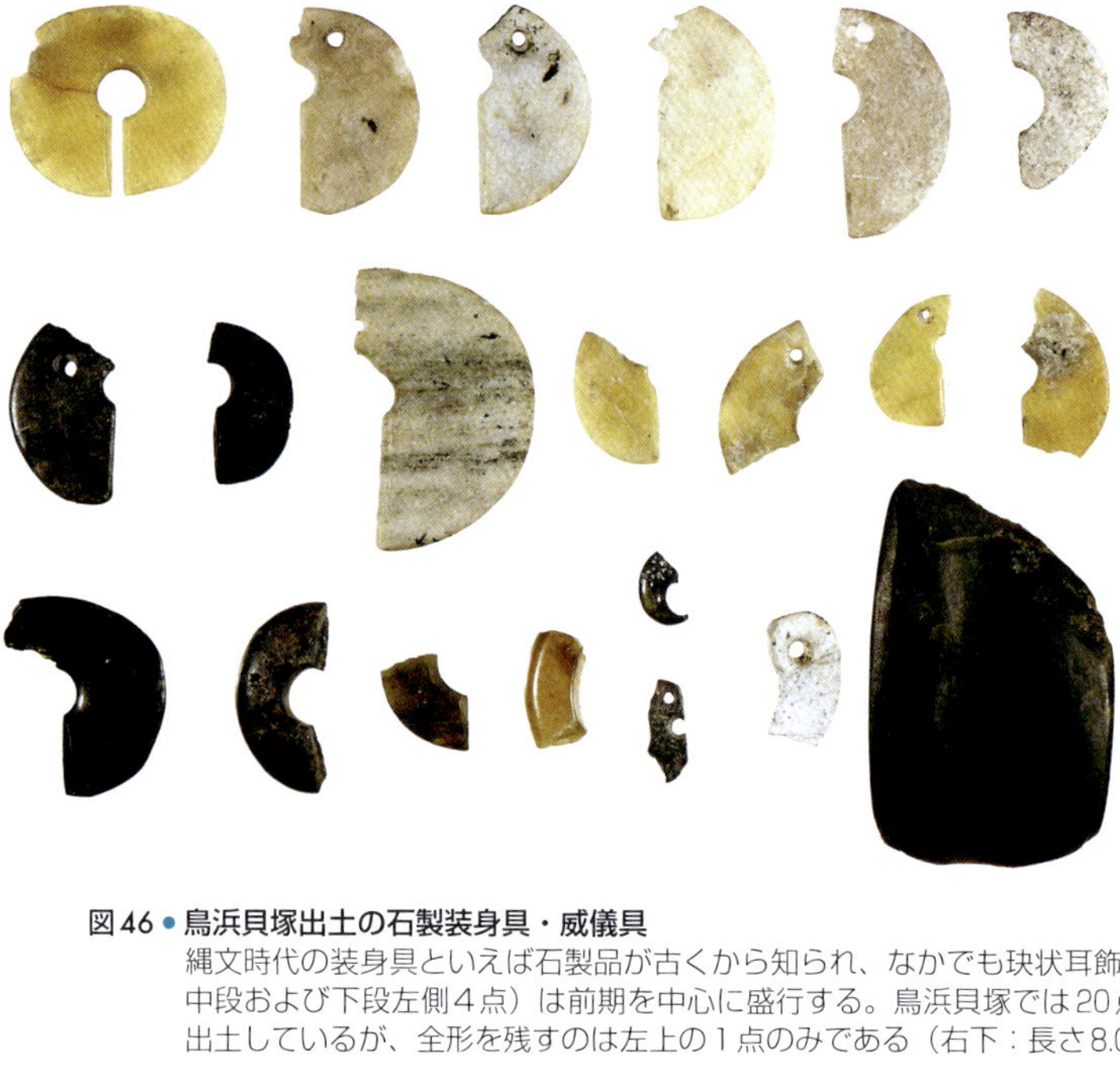

図46 ● 鳥浜貝塚出土の石製装身具・威儀具
縄文時代の装身具といえば石製品が古くから知られ、なかでも玦状耳飾（上・中段および下段左側4点）は前期を中心に盛行する。鳥浜貝塚では20点近く出土しているが、全形を残すのは左上の1点のみである（右下：長さ8.0㎝）。

第6章　鳥浜貝塚を伝える

鳥浜貝塚の今

現在、鳥浜貝塚の現地は、調査の記念碑と説明版、縄文人をイメージした巨大な像によって、その跡地と知ることができる。河川改修工事の対象となった護岸部分については、記録保存の名のもとに掘りつくされ、遺跡の保存はかなわなかったが、鰣川中央部や右岸を中心に遺物包含層が残存しているものと期待されている。

一方、発掘調査で出土した膨大な量の遺物は、発掘調査中の一九八二年に開館した福井県立若狭歴史民俗資料館（現・若狭歴史博物館）で保管・展示されてきた。展示に関しては、開館以来、豊富な資料を背景として実物を最大限活用したユニークな手法が試みられ、好評を博してきた。また、縄文の町を謳《うた》ってきた地元の三方町（現・若狭町）では、二〇〇〇年に三方町縄文博物館（現・若狭三方縄文博物館）をオープンさせ、鳥浜貝塚を核として縄文時代の魅力を伝える活動を精力的におこなっている。

そして二〇〇二年には、鳥浜貝塚出土品一三七四点が、「縄文時代草創期と前期の質量ともに豊富な土器・石器に加え、低湿地遺跡の特性から多彩な有機質遺物が含まれ、縄文人の生活の実態を復元するうえで、他に比類のない貴重な資料」として国の重要文化財に指定された。

鳥浜貝塚から世界へ

鳥浜貝塚の発掘調査が終了して三〇年が経過した。しかし、今なお鳥浜貝塚に関する研究は途上にあり、国内外の研究者の手によってさまざまな調査研究が進められている。

ところで二〇一二年七月、フランスのパリで開催された第二一回国際放射性炭素会議の場において、三方湖の北に位置する水月湖で採取された「年縞《ねんこう》」(図47)が、翌年以降の地質学年代の世界標準になることが承認された。年縞とは一年ごとに規則正しく縞模様をなすように堆積した薄い地層のことで、水月湖は「奇跡の湖」とよばれるほど、長い期間にわたって連続的に年縞の形成が認められる。

水月湖の年縞は一九九一年に発見されたが、もともとは鳥浜貝塚の環境復元研究をおこなっていた安田喜憲氏が、三方湖のボーリング調査で偶然年縞堆積物をみつけたことを端緒とする。安田氏はより条件のよい水月湖にフィールドを移し、一九九三年、その全貌を明らかにした。その後、水月湖の年縞研究は北川浩之氏によって地質学年代の作成という目的を与えられ、その目的のもと二〇〇六年、中川毅《たけし》氏をリーダーとする日欧研究チームが約七万年間におよぶ欠落のない年縞の採取に成功し、分析されたデータが先の結果となったのである。

このように水月湖の年縞は年代目盛として世界的な評価をえたわけだが、鳥浜貝塚の研究にとっては今後別の側面が重要となってくるだろう。それは年縞が自然環境に関する情報の宝庫で、しかもそれを年単位でとり出すことのできる点である。これまで数百年の単位でとらえられてきた遺跡の様相変化についてもいっそう理解を深めることができるにちがいない。

鳥浜貝塚以降、佐賀市東名《ひがしみょう》遺跡で早期、富山市小竹貝塚で前期、滋賀県大津市粟津湖底遺跡で中期の低湿地性貝塚、また山形県高畠町押出遺跡で前期、石川県能登町真脇《まわき》遺跡で前期から晩期、東京都東村山市下宅部《しもやけべ》遺跡で後・晩期の低湿地遺跡というように、「縄文のタイムカプセル」と冠する遺跡の発掘調査がつづいた。その結果、縄文時代が世界では類をみないほど豊かで安定した先史文化を築いていたことが明らかとなってきた。一方、鳥浜貝塚の「タイムカプセル」もまだ十分に研究しつくされたとはいえず、今も縄文人からの伝言を聞く作業がつづけられている。そこから私たちが想像できないような縄文人の声が聞こえてくるのではという期待は大きい。それだけの魅力をもった遺跡が鳥浜貝塚なのである。

図47 • 水月湖の年縞ボーリング調査ととりだしたボーリングコア

参考文献

網谷克彦　一九八六「北白川下層式土器様式」『縄文土器大観1　草創期・早期・前期』小学館
網谷克彦　二〇〇三「鳥浜貝塚」『環境考古学マニュアル』同成社
網谷克彦　二〇〇六「縄文時代の丸木舟研究のために」『びわ湖と古代人─資料集─』滋賀県文化財保護協会・滋賀県立安土城考古博物館
網谷克彦　二〇〇七「木器製作のムラ」『縄文時代の考古学6　ものづくり　道具製作の技術と組織』同成社
網谷克彦編　一九九八～二〇〇五『鳥浜貝塚研究』一～五　鳥浜貝塚研究会
泉　拓良・今村啓爾編　二〇一三『講座日本の考古学3　縄文時代（上）』青木書店
泉　拓良・今村啓爾編　二〇一四『講座日本の考古学4　縄文時代（下）』青木書店
内山純蔵　二〇〇七『縄文の動物考古学─西日本の低湿地遺跡からみえてきた生活像─』昭和堂
梅原　猛編　二〇〇四『縄文人の世界　日本人の原像を求めて』角川書店
工藤雄一郎・国立歴史民俗博物館編　二〇一四『ここまでわかった！　縄文人の植物利用』新泉社
国立歴史民俗博物館編　一九九一　『国立歴史民俗博物館研究報告第二九集　共同研究「動物考古学の基礎的研究」』
小島秀彰　二〇〇七「外洋性漁撈活動の存在への評価─鳥浜貝塚における縄文時代前期の「痕跡」の検討─」『縄紋時代の社会考古学』同成社
小杉　康　二〇〇三『先史日本を復原する3　縄文のマツリと暮らし』岩波書店
小杉　康ほか編　二〇〇七『縄文時代の考古学5　なりわい　食料生産の技術』同成社
鈴木三男　二〇〇二『日本人と木の文化』八坂書房
鳥浜貝塚研究グループ編　一九七九～八七『鳥浜貝塚─縄文前期を主とする低湿地遺跡の調査─』一～六
鳥浜貝塚研究グループ編　一九八七『鳥浜貝塚─一九八〇～一九八五年度調査のまとめ─』福井県教育委員会・若狭歴史民俗資料館
中川　毅　二〇一五『時を刻む湖』岩波書店
名久井文明　二〇一二『伝承された縄紋技術　木の実・樹皮・木製品』吉川弘文館
西田正規　一九八〇「縄文時代の食料資源と生業活動」『季刊人類学』一一─三　講談社
能城修一・鈴木三男　一九九〇「福井県鳥浜貝塚から出土した自然木の樹種と森林植生の復元」『日本海域研究所報告』二二　金沢大学日本海域研究所
森川昌和　二〇〇二『鳥浜貝塚─縄文人のタイムカプセル─』未來社
安田喜憲　一九八〇『環境考古学事始　日本列島二万年』日本放送出版協会
山川史子　一九九二「縄文時代の刺突機能をもつ骨器について─福井県鳥浜貝塚出土資料の形態分類─」『紀要』四　若狭歴史民俗資料館
若狭考古学研究会　一九七二「福井県鳥浜貝塚の調査」『考古学ジャーナル』七六　ニューサイエンス社
藁科哲男・東村武信　一九八三「石器原材の産地分析」『考古学と自然科学』一六　日本文化財科学会

福井県立 若狭歴史博物館

・福井県小浜市遠敷2―104
・電話　0770（56）0525
・開館時間　9：00～17：00（入館は16：30まで）
・休館日　年末年始、当館指定日（ホームページ等で要確認）
・入館料　一般300円、小中学生・高校生・満70歳以上無料
・交通　JR小浜線「東小浜」駅から徒歩約7分。車で舞鶴若狭自動車道小浜ICから約5分

若狭地方の歴史、民俗等に関する資料の収集、保管および展示をおこなっている。常設展示「若狭のなりたち」の鳥浜貝塚と嶺南の縄文時代コーナーで鳥浜貝塚の出土遺物を多数展示し、自然環境の変化と人びとの営みとの関わりに目を向け縄文時代を紹介している。

福井県立若狭歴史博物館

若狭三方縄文博物館

・若狭町鳥浜122―12―1
・電話　0770（45）2270
・開館時間　9：00～17：00（入館は16：30まで）
・休館日　毎週火曜日（祝休日の場合は翌日）、年末年始
・入館料　一般500円、小中学生・高校生200円
・交通　JR小浜線「三方」駅から徒歩約25分、自転車で約10分（駅にレンタサイクル有）。車で舞鶴若狭自動車道若狭三方ICから約5分

鳥浜貝塚近くの三方湖畔にある若狭町立の博物館。鳥浜貝塚の出土遺物の展示や水月湖年縞の解説などをとおして、「縄文」をさまざまな角度からとらえる展示をしている。

鳥浜貝塚現地である鰣川と高瀬川の合流地点には「鳥浜貝塚公園」があり、記念碑と解説板、縄文人のモニュメントが立っている。

若狭三方縄文博物館

遺跡には感動がある

――シリーズ「遺跡を学ぶ」刊行にあたって――

「遺跡には感動がある」。これが本企画のキーワードです。

あらためていうまでもなく、専門の研究者にとっては遺跡の発掘こそ考古学の基礎をなす基本的な手段です。また、はじめて考古学を学ぶ若い学生や一般の人びとにとって「遺跡は教室」です。

日本考古学では、もうかなり長期間にわたって、発掘・発見ブームが続いています。そして、毎年厖大な数の発掘調査報告書が、主として開発のための事前発掘を担当する埋蔵文化財行政機関や地方自治体などによって刊行されています。そこには専門研究者でさえ完全には把握できないほどの情報や記録が満ちあふれています。しかし、その遺跡の発掘によってどんな学問的成果が得られたのか、その遺跡やそこから出た文化財が古い時代の歴史を知るためにいかなる意義をもつのかなどといった点を、莫大な記述・記録の中から読みとることははなはだ困難です。ましてや、考古学に関心をもつ一般の社会人にとっては、刊行部数が少なく、数があっても高価なその報告書を手にすることすら、ほとんど困難といってよい状況です。

いま日本考古学は過多ともいえる資料と情報量の中で、考古学とはどんな学問か、また遺跡の発掘から何を求め、何を明らかにすべきかといった「哲学」と「指針」が必要な時期にいたっていると認識します。

本企画は「遺跡には感動がある」をキーワードとして、発掘の原点から考古学の本質を問い続ける試みとして、日本考古学が存続する限り、永く継続すべき企画と決意しています。いまや、考古学にすべての人びとの感動を引きつけることが、日本考古学の存立基盤を固めるために、欠かせない努力目標の一つです。必ずや研究者のみならず、多くの市民の共感をいただけるものと信じて疑いません。

二〇〇四年一月

戸沢充則

著者紹介

田中祐二（たなか・ゆうじ）

1974年、兵庫県生まれ。

明治大学大学院文学研究科史学専攻博士前期課程修了。

現在、福井県立一乗谷朝倉氏遺跡資料館主任。

主な著作　「鳥浜貝塚出土の石器群（1）―草創期石器群の器種分類―」『鳥浜貝塚研究』3、『特別展図録　鳥浜貝塚とその時代』福井県立若狭歴史民俗資料館ほか。

写真提供（所蔵）
若狭三方縄文博物館：図1（下）・47／福井県立若狭歴史博物館：図3・4・6～12・15・16・17・19・21・23・24（上）・25～46／山形県立うきたむ風土記の丘考古資料館：図24（下）

図表出典・参考（一部改変）
図2：国土地理院5万分の1地形図「西津」／図5・13・18：鳥浜貝塚研究グループ編 1987／図14：森川昌和・網谷克彦 1986「鳥浜貝塚遺跡」『福井県史　資料編13　考古―本文編』福井県／表1：網谷克彦 1997「環境と文化的適応―縄文時代の湖畔集落・鳥浜貝塚―」『環境情報科学』26-2（社）環境情報科学センター／図20：小杉康 1992「食糧資源」『図解・日本の人類遺跡』東京大学出版会／図22：小林達雄（原案）

上記以外は著者

シリーズ「遺跡を学ぶ」113

縄文のタイムカプセル　鳥浜《とりはま》貝塚

2016年12月10日　第1版第1刷発行

著　者＝田中祐二

発行者＝株式会社 新 泉 社
東京都文京区本郷2－5－12
TEL 03（3815）1662 ／ FAX 03（3815）1422
印刷／三秀舎　製本／榎本製本

ISBN978－4－7877－1633－0　C1021

シリーズ「遺跡を学ぶ」

第1ステージ（各1500円＋税）

04 原始集落を掘る　尖石遺跡　勅使河原彰
07 豊饒の海の縄文文化　曽畑貝塚　木﨑康弘
09 氷河期を生き抜いた狩人　矢出川遺跡　堤　隆
12 北の黒曜石の道　白滝遺跡群　木村英明
14 黒潮を渡った黒曜石　見高段間遺跡　池谷信之
15 縄文のイエとムラの風景　御所野遺跡　高田和徳
17 石にこめた縄文人の祈り　大湯環状列石　秋元信夫
19 縄文の社会構造をのぞく　姥山貝塚　堀越正行
27 南九州に栄えた縄文文化　上野原遺跡　新東晃一
31 日本考古学の原点　大森貝塚　加藤　緑
36 中国山地の縄文文化　帝釈峡遺跡群　河瀬正利
37 縄文文化の起源をさぐる　小瀬ヶ沢・室谷洞窟　小熊博史
41 松島湾の縄文カレンダー　里浜貝塚　会田容弘
45 霞ヶ浦の縄文景観　陸平貝塚　中村哲也
54 縄文人を描いた土器　和台遺跡　新井達哉
62 縄文の漆の里　下宅部遺跡　千葉敏朗
70 縄紋文化のはじまり　上黒岩岩陰遺跡　小林謙一
71 国宝土偶「縄文ビーナス」の誕生　棚畑遺跡　鵜飼幸雄
74 北の縄文人の祭儀場　キウス周堤墓群　大谷敏三
80 房総の縄文大貝塚　西広貝塚　忍澤成視
83 北の縄文鉱山　上岩川遺跡群　吉川耕太郎
87 北陸の縄文世界　御経塚遺跡　布尾和史
89 狩猟採集民のコスモロジー　神子柴遺跡　堤　隆
92 奈良大和高原の縄文文化　大川遺跡　松田真一
97 北の自然を生きた縄文人　北黄金貝塚　青野友哉
別01 黒耀石の原産地を探る　鷹山遺跡群　黒耀石体験ミュージアム
別03 ビジュアル版縄文時代ガイドブック　勅使河原彰

第2ステージ（各1600円＋税）

107 琵琶湖に眠る縄文文化　粟津湖底遺跡　瀬口眞司
110 諏訪湖底の狩人たち　曽根遺跡　三上徹也